제대로 한국어 1
Practical Korean Language for Foreign Students
Workbook

일러두기

『제대로 한국어 1 Workbook』은 『제대로 한국어 1』의 부교재로, 학습자가 교수자와 함께 혹은 스스로 각 과의 내용을 충분히 이해했는지를 확인·점검할 수 있도록 구성하였다. 이 책은 『제대로 한국어 1』과 동일하게 15개 과와 '부록'으로 구성하였고, 각 과는 '어휘', '문법', '활동'의 순이다.

어휘는 『제대로 한국어 1』의 각 과에 제시된 어휘 및 표현을 2쪽으로 구성하였다. 어휘 문제는 맞는 답을 찾아 고르는 형태, 맞는 답을 써 보는 형태 등으로 제시하여 어휘를 재확인하고 연습할 수 있도록 하였다.

문법은 『제대로 한국어 1』의 각 과에 제시된 목표 문법을 4쪽으로 구성하여 연습하도록 하였다. 각 과의 문법의 중요도에 따라 분량에 차이를 두었다. 또한 『제대로 한국어 1』에서 사용된 사진, 그림 등을 한 번 더 제시하여 학습자들의 이해를 돕고자 하였다. 문법 문제는 크게 두 가지로, 문법의 형태를 정확하게 익히는 문제와 학습자가 접할 수 있는 실제 발화 상황을 반영한 대화문 형식의 문제로 구성하였다.

활동은 '활동 1', '활동 2', '활동 3'으로 나누어 2쪽으로 구성하였다. '활동 1'은 듣기 능력을 강화하기 위한 연습 자료이다. 『제대로 한국어 1』의 대화를 중심으로 목표 문법이나 주의해야 하는 발음의 문장을 듣고 쓸 수 있도록 하였다. '활동 2'는 『제대로 한국어 1』의 각 과에서 다룬 문법이 포함된 주요 문장을 듣고 원고지 형식에 맞춰 써 볼 수 있도록 하였다. '활동 3'은 『제대로 한국어 1』의 대화문에서 제시된 삽화를 보면서 본문 대화 내용을 재구성하여 정리하고, 그 내용과 관련된 자신의 이야기도 써 보도록 하였다. 한편 '활동 3'은 교수자가 수업 시간에 말하기 활동으로도 활용할 수 있다.

부록은 '듣기 지문'과 '모범 답안'으로 구성하였다. '듣기 지문'은 '활동 1'의 듣기 내용이다. 이것은 『제대로 한국어 1』의 각 과 대화문으로 학습자가 『제대로 한국어 1』 교재 없이도 본문 내용을 충실히 학습했는지를 한 번 더 점검할 수 있도록 제시한 것이다. '모범 답안'은 '어휘'와 '문법'의 문제에 대한 답안이며 학습자의 다양한 발화나 대답이 기대되는 문제에서는 답지에 **예** 를 표시하였다.

교재 구성표

과	주제	어휘	문법	활동
01	인사	직업 나라	• N은/는 • N입니까?, N입니다 • N도	• 대화 듣고 쓰기 • 원고지 형식에 맞춰 쓰기 • 그림 보고 쓰기
02	소개	사물 가족	• N이에요/예요 • 이건/그건/저건 • N의 N • N이/가 아니에요	• 대화 듣고 쓰기 • 원고지 형식에 맞춰 쓰기 • 그림 보고 쓰기
03	위치	위치 형용사1	• N에(위치) • N와/과 N, N하고 N • A/V-고 • A/V-지만	• 대화 듣고 쓰기 • 원고지 형식에 맞춰 쓰기 • 그림 보고 쓰기
04	장소	장소 동사	• A/V-아요/어요 • N을/를 • N에서 • V-(으)러 가다[오다]	• 대화 듣고 쓰기 • 원고지 형식에 맞춰 쓰기 • 그림 보고 쓰기
05	날짜· 요일	날짜·요일 휴일·기념일	• N부터 N까지 • N에(시간) • A/V-(으)ㄹ 거예요	• 대화 듣고 쓰기 • 원고지 형식에 맞춰 쓰기 • 그림 보고 쓰기
06	시간	숫자 시간 일상생활	• A/V-았어요/었어요 • 안 A/V, A/V-지 않다	• 대화 듣고 쓰기 • 원고지 형식에 맞춰 쓰기 • 그림 보고 쓰기
07	음식	한국 음식 맛	• V-(으)ㄹ까요? • 못 V, V-지 못하다 • V-(으)ㄹ게요 • V-고 싶다	• 대화 듣고 쓰기 • 원고지 형식에 맞춰 쓰기 • 그림 보고 쓰기
08	교통 수단	교통수단 위치·방향	• N에서 N까지 • V-(으)세요 • A/V-(으)니까, N(이)니까 • A/V-아서/어서, N이어서/여서	• 대화 듣고 쓰기 • 원고지 형식에 맞춰 쓰기 • 그림 보고 쓰기

과	주제	어휘	문법	활동
09	주문	단위명사 형용사2	• A-(으)ㄴ N • V-아/어 주세요 • V-겠습니다	• 대화 듣고 쓰기 • 원고지 형식에 맞춰 쓰기 • 그림 보고 쓰기
10	취미	취미 부사	• N(으)로 • A/V-(으)ㄹ 때 • V-는 것 • V-(으)ㄹ 줄 알다[모르다]	• 대화 듣고 쓰기 • 원고지 형식에 맞춰 쓰기 • 그림 보고 쓰기
11	날씨·계절	날씨 계절	• N보다 • A/V-네요 • A-(으)ㄴ데, V-는데, N인데 • A/V-(으)면	• 대화 듣고 쓰기 • 원고지 형식에 맞춰 쓰기 • 그림 보고 쓰기
12	계획	여행 여행지	• V-(으)ㄴ N, V-는 N, V-(으)ㄹ N • V-기 전에 • V-(으)ㄴ 후에	• 대화 듣고 쓰기 • 원고지 형식에 맞춰 쓰기 • 그림 보고 쓰기
13	은행	은행	• V-(으)려고 • A-(으)ㄴ데요, V-는데요, N인데요 • V-아서/어서	• 대화 듣고 쓰기 • 원고지 형식에 맞춰 쓰기 • 그림 보고 쓰기
14	병원	병원 증상	• V-(으)ㄹ 수 있다[없다] • V-아/어 보다 • 접속부사 • A/V-아야/어야 하다	• 대화 듣고 쓰기 • 원고지 형식에 맞춰 쓰기 • 그림 보고 쓰기
15	정보	도서관	• V-고 있다 • A-군요, V-는군요 • V-(으)면 되다 • V-(으)려면	• 대화 듣고 쓰기 • 원고지 형식에 맞춰 쓰기 • 그림 보고 쓰기

Practical Korean Language for Foreign Students

8
01 인사
안녕하세요?
저는 알리한입니다.
안녕하세요? 알리한 씨.
저는 기윰입니다.

18
02 소개
이건 뭐예요?
이건 제 가족사진이에요.

28
03 위치
한국어 교실은 어디에 있어요?
아라뮤즈홀과 외국어교육원에 있어요.

38
04 장소
티엔 씨, 어디에 가요?
학생회관에 가요.

48
05 날짜·요일
시험이 언제예요?
6월 27일 수요일이에요.

58
06 시간
지금 몇 시예요?
오전 10시 5분이에요.

68
07 음식
무슨 음식을 좋아해요?
불고기를 좋아해요.

78
08 교통수단
여기에서 기숙사까지 얼마나 걸려요?
버스로 5분쯤 걸려요.

88
09 주문
주문하시겠어요?
아메리카노 한 잔하고 레몬차 한 잔 주세요.

제대로 한국어¹ Workbook

98
10 취미
안드레이 씨는 시간이 있을 때 뭐 해요?
저는 웹툰 보는 걸 좋아해요.

108
11 날씨·계절
오늘은 날씨가 참 좋아요.
이번 주는 지난주보다 따뜻하네요.
벚꽃이 활짝 피었어요.

118
12 계획
이번 방학 때 뭐 할 거예요?
제주도 일주를 할 거예요.

128
13 은행
통장을 만들려고 하는데요.
여권과 외국인등록증을 가지고 오셨습니까?

138
14 병원
이가 너무 아파요.
치과에 다녀왔어요?

148
15 정보
모바일 신분증은 어떻게 만들어요?
도서관 앱을 다운로드하면 돼요.

158 · 듣기 지문
162 · 모범 답안

01

인사

안녕하세요? 저는 알리한입니다.

어휘

1. <보기>와 같이 쓰세요.

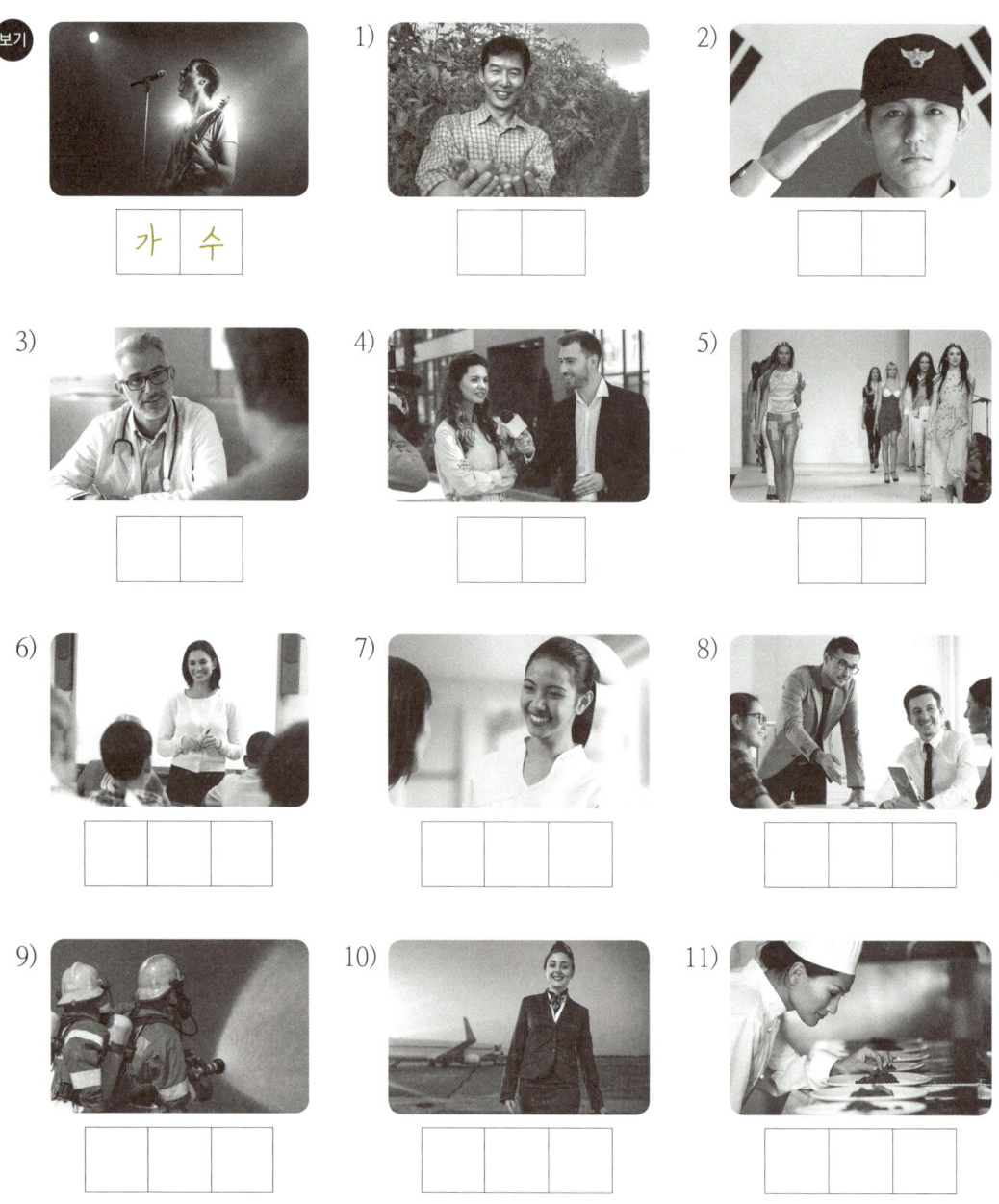

vocabulary

2. <보기>와 같이 맞는 단어를 연결하고 쓰세요.

- 칠레   1) ☐☐
- 한국   2) 한 국
- 영국   3) ☐☐
- 중국   4) ☐☐
- 몽골   5) ☐☐
- 미국   6) ☐☐
- 러시아   7) ☐☐☐
- 카자흐스탄 8) ☐☐☐☐☐
- 프랑스   9) ☐☐☐
- 일본   10) ☐☐

01 인사

문법

grammar

N은/는

1. 〈보기〉와 같이 쓰세요.

 보기

김찬영 / 한국 사람

김찬영(은/ 는) 한국 사람입니다.

1)
에밀리
캐나다 사람

에밀리(은 / 는) 캐나다 사람입니다.

2)
기욤
프랑스 사람

기욤(은 / 는) 프랑스 사람입니다.

3)
아리온토야
몽골 사람

아리온토야(은 / 는) 몽골 사람입니다.

4)
왕밍밍
중국 사람

왕밍밍(은 / 는) 중국 사람입니다.

2. 〈보기〉와 같이 쓰세요.

 보기

알리한 / 학생

알리한은 학생입니다.

1)
김소희
승무원

_____ 승무원입니다.

2)
저스틴
가수

_____ 가수입니다.

3)
로이
소방관

_____ 소방관입니다.

4)
유영석 씨
회사원

_____ 회사원입니다.

문법 2

grammar

N입니까?/N입니다.

1. 〈보기〉와 같이 쓰세요.

보기
왕밍밍, 중국 사람

가: 왕밍밍은 <u>중국 사람입니까?</u>
나: 네, 왕밍밍은 <u>중국 사람입니다.</u>

1) 티엔, 베트남 사람

가: 티엔은 _____?
나: 네, 티엔은 _____.

2) 김고은, 한국 사람

가: 김고은은 _____?
나: 네, 김고은은 _____.

3) 페르난도, 칠레 사람

가: 페르난도는 _____?
나: 네, 페르난도는 _____.

4) 유키 씨, 일본 사람

가: 유키 씨는 _____?
나: 네, 유키 씨는 _____.

5) 토마스 씨, 독일 사람

가: 토마스 씨는 _____?
나: 네, 토마스 씨는 _____.

2. <보기>와 같이 쓰세요.

보기)
가: 로이는 <u>요리사입니까?</u>
나: 아니요, <u>로이는 소방관입니다.</u>

1) 가: 리차드는 의사입니까?
   나: 아니요, _____.

2) 가: 제인은 모델입니까?
   나: 아니요, _____.

3) 가: _____?
   나: _____.

4) 가: _____?
   나: _____.

5) 가: _____?
   나: _____.

문법3

N도

1. 〈보기〉와 같이 쓰세요.

보기) 티엔은 베트남 사람입니다.
느웬도 베트남 사람입니다.

1) _____.
   _____.
2) _____.
   _____.
3) _____.
   _____.
4) _____.
   _____.

2. 〈보기〉와 같이 쓰세요.

보기) 가: 김소희는 승무원입니다.
     김경준도 승무원입니까?
나: 아니요, 김경준은 학생입니다.

1) 가: 알리한은 학생입니다.
   _____?
   나: _____.

2) 가: 리차드는 헤어 디자이너입니다.
   _____?
   나: _____.

활동 1 잘 듣고 다음 대화를 완성하세요. 🔊 track 02

알리한	안녕하세요? _____ 알리한입니다.
기욤	_____ ? 알리한 씨. 저는 기욤 _____ .
알리한	만나서 반갑습니다. 기욤 씨.
기욤	_____ 만나서 _____ .
알리한	기욤 씨는 어느 나라 _____ ?
기욤	저는 프랑스 사람입니다. 알리한 씨는 _____ ?
알리한	저는 카자흐스탄에서 왔습니다. 기욤 씨 직업은 무엇입니까?
기욤	저는 학생입니다. 알리한 씨 _____ ?
알리한	_____ .

활동 2 다음을 들으면서 따라 쓰세요. 🔊 track 03

1. 안녕하세요? 저는 알리한입니다.
2. 만나서 반갑습니다.
3. 어느 나라 사람입니까?
4. 직업은 무엇입니까?
5. 저도 학생입니다.

활동 3 그림을 보고 쓰세요.

activity

알리한 씨는 카자흐스탄 사람입니다. 기욤 씨는 프랑스에서 왔습니다. 알리한 씨는 학생입니다. 기욤 씨도 학생입니다.

저는

02

소개

이건 뭐예요?

어휘

1. 〈보기〉와 같이 연결하세요.

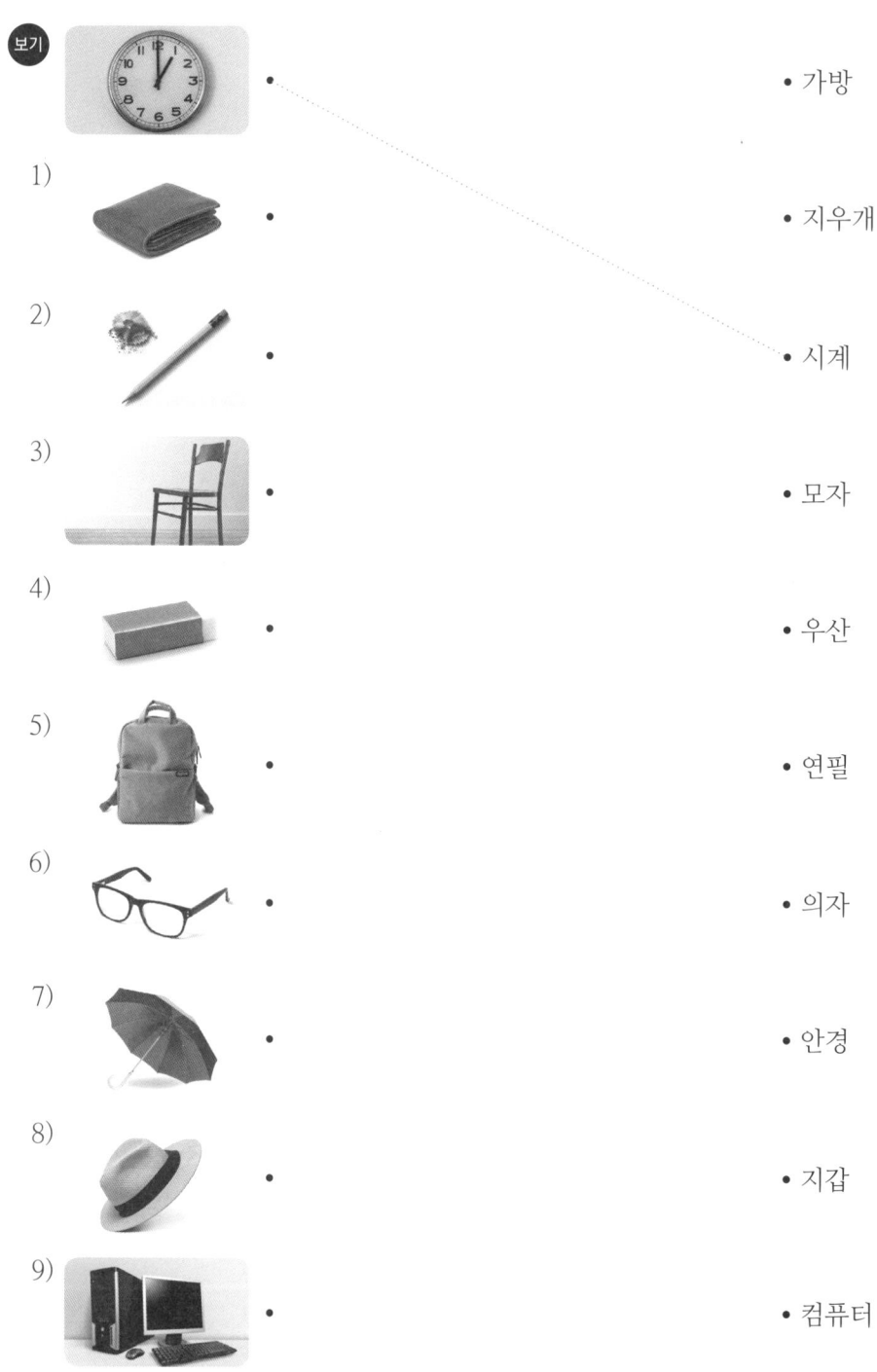

2. 다음 그림을 보고 맞는 단어를 쓰세요.

1) 할아버지

2)

3)

4)

5)

6)

7)

8)

9)

10)

문법 1

N이에요/예요

1. 〈보기〉와 같이 맞는 것을 고르고 쓰세요.

     책상(이에요/예요). → 책상이에요.

    1) 지도(이에요/예요). → _____.
    2) 필통(이에요/예요). → _____.
    3) 칠판(이에요/예요). → _____.
    4) 프로젝터(이에요/예요). → _____.

2. 〈보기〉와 같이 쓰세요.

    마이클

    가: 마이클은 회사원이에요?
    나: 네, 회사원이에요.

    1)
    저스틴

    가: _____?
    나: 네, _____.

    2)
    진욱

    가: _____?
    나: 네, _____.

    3)
    헨리

    가: _____?
    나: 네, _____.

    4) 수잔

    가: _____?
    나: 네, _____.

문법 2

이건/그건/저건

1. 〈보기〉와 같이 맞는 것을 고르고 쓰세요.

   보기: (이건/그건/저건) (안경) → 이건 안경이에요.

   1) (이건/그건/저건) (   ) →   .

   2) (이건/그건/저건) (   ) →   .

2. 〈보기〉와 같이 쓰세요.

   보기:
   가: 이건 뭐예요?
   나: 그건 공책이에요.

   1) 가: ?
      나: .

   2) 가: ?
      나: 네,   .

   3) 가: ?
      나: 네,   .

문법 3

N의 N

1. 〈보기〉와 같이 쓰세요.

보기 나 → 내 볼펜이에요. / 제 볼펜이에요.

1) 형 → _____.

2) 누나 → _____.

3) 여자 친구 → _____.

4) 여동생 → _____.

2. 〈보기〉와 같이 쓰세요.

보기 (동생)
가: 동생의 시계예요?
나: 네, 동생의 시계예요.

1) (할아버지)
가: _____?
나: 네, _____.

2) (언니)
가: _____?
나: 네, _____.

3) (오빠)
가: _____?
나: 네, _____.

4) (아버지)
가: _____?
나: 네, _____.

문법 4

N이/가 아니에요

1. 〈보기〉와 같이 맞는 것을 고르고 쓰세요.

> 보기) 모자(이/**가**) 아니에요. → 모자가 아니에요.

1) 지갑(이/가) 아니에요. → _____.
2) 카메라(이/가) 아니에요. → _____.
3) 형의 시계(이/가) 아니에요 → _____.
4) 제 가족사진(이/가) 아니에요. → _____.

2. 〈보기〉와 같이 쓰세요.

보기)
가: 연필이에요?
나: 아니요, 연필이 아니에요. 볼펜이에요.

1)
가: 지도예요?
나: 아니요, _____. _____.

2)
가: 텔레비전이에요?
나: 아니요, _____. _____.

3)
가: _____?
나: 아니요, _____. _____.

4)
가: _____?
나: 아니요, _____. _____.

활동 1 잘 듣고 다음 대화를 완성하세요. 🔊 track 04   activity

왕밍밍   _____ 티엔 씨 _____ 가족사진 _____ ?
티엔   네, _____ 가족사진 _____.
왕밍밍   이 사람은 티엔 씨 _____ 여동생 _____ ?
티엔   아니요, 여동생 _____. _____ 아내 _____.
왕밍밍   이 아이는 티엔 씨 _____ 아이 _____ ?
티엔   네, 제 _____.

활동 2 다음을 들으면서 따라 쓰세요. 🔊 track 05   activity

| 1. | 토 | 마 | 스 | | 씨 | 는 | | 학 | 생 | 이 | 에 | 요 | ? |

| 2. | 이 | 건 | | 한 | 국 | 어 | | 책 | 이 | 에 | 요 | . |

| 3. | 그 | 건 | | 유 | 나 | | 씨 | 의 | | 지 | 우 | 개 | 예 | 요 | . |

| 4. | 저 | 건 | | 선 | 생 | 님 | 의 | | 가 | 방 | 이 | 에 | 요 | . |

| 5. | 저 | 는 | | 학 | 생 | 이 | | 아 | 니 | 에 | 요 | . | 기 | 자 | 예 | 요 | . |

활동 3 그림을 보고 쓰세요.

티엔 씨의 가족사진

나의 가족사진

이것은 티엔 씨의 가족사진입니다. 이 사람은 티엔 씨의 아버지입니다. 이 사람은 티엔 씨의 어머니입니다. 이 사람은 티엔 씨의 누나입니다. 이 사람은 티엔 씨의 여동생이 아닙니다. 티엔 씨의 아내입니다. 이 아이는 티엔 씨의 아들입니다.

이것은

03

위치

한국어 교실은 어디에 있어요?

어휘

1. <보기>와 같이 쓰세요.

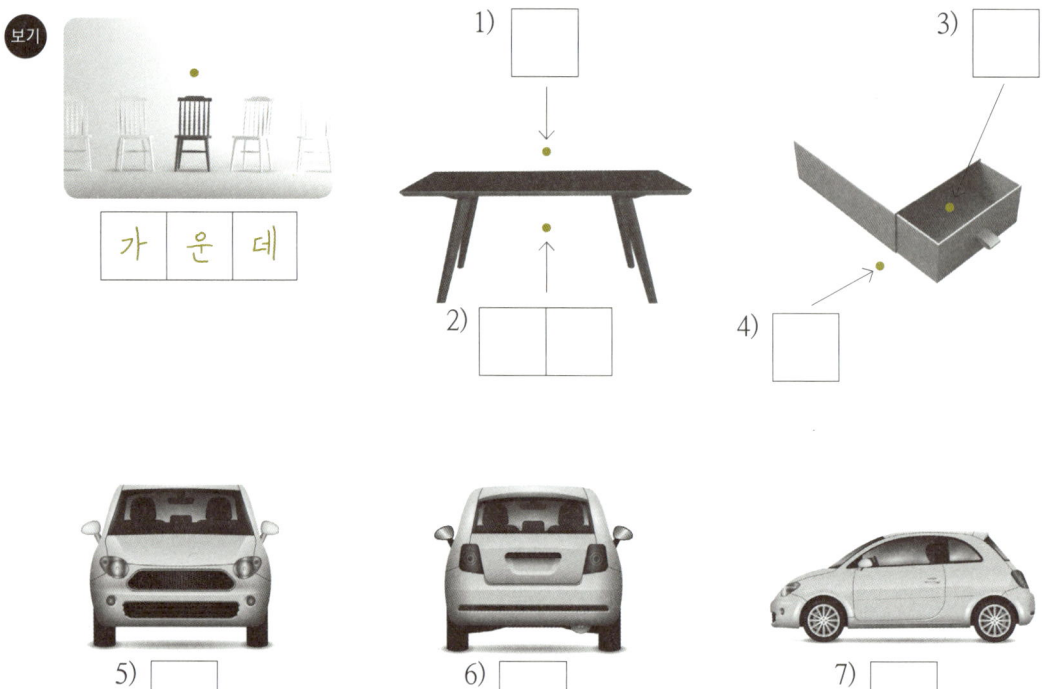

2. <보기>와 같이 쓰세요.

1) 6 →
2) 24 →
3) 37 →
4) 99 →
5) 100 →
6) 201 →
7) 338 →
8) 924 →

3. 표를 완성하세요.

좋다	좋습니다	나쁘다	나쁩니다
싸다		비싸다	
넓다		좁다	
맛없다		맛있다	
적다		많다	
높다		낮다	
빠르다		느리다	
편하다		불편하다	
짧다		길다	
멀다		가깝다	
무겁다		가볍다	
없다		있다	
크다		작다	
어렵다		쉽다	
재미있다		재미없다	
더럽다		깨끗하다	

문법 1

grammar

N에(위치)

1. <보기>와 같이 쓰세요.

보기) 가족/베트남 → 가족이 베트남에 있어요.

1) 커피숍/4층 → _____.
2) 휴대폰/가방 → _____.
3) 친구/도서관 → _____.
4) 제주대학교/제주도 → _____.

2. <보기>와 같이 쓰세요.

보기)
가: 휴대폰이 어디에 있어요? (휴대폰)
나: 휴대폰이 노트북 앞에 있어요.

1) 가: _____? (우산)
   나: _____.

2) 가: _____? (물컵)
   나: _____.

3) 가: _____? (카메라)
   나: _____.

4) 가: _____? (지우개)
   나: _____.

문법 2

N와/과 N, N하고 N

1. 〈보기〉와 같이 쓰세요.

 카메라 / 신문   → 카메라하고 신문이에요.

1) 한국어 책 / 필통   → _____.
2) 지우개 / 지갑   → _____.
3) 강아지 / 고양이   → _____.
4) 토마스 씨 / 안드레이 씨   → _____.

2. 〈보기〉와 같이 쓰세요.

가: 책상 위에 무엇이 있어요?
나: 책상 위에 필통과 휴대폰이 있어요.

1)
가: 가방 안에 무엇이 있어요?
나: _____.

2)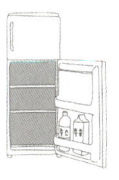
가: 의자 아래에 무엇이 있어요?
나: _____.

3)
가: 냉장고에 무엇이 있어요?
나: _____.

4)
가: 교실에 누가 있어요?
나: _____.

고양이 cat

문법 3

A/V-고

1. 〈보기〉와 같이 쓰세요.

     도서관이 큽니다. 도서관이 깨끗합니다. → 도서관이 크고 깨끗합니다.

    1) 가방이 쌉니다. 가방이 편합니다.
       → _____.

    2) 학생 식당이 넓습니다. 학생 식당이 깨끗합니다.
       → _____.

    3) 저는 운동합니다. 친구는 숙제합니다.
       → _____.

2. 〈보기〉와 같이 쓰세요.

    보기
    가: 비빔밥이 어떻습니까?
    나: 비빔밥이 싸고 맛있습니다. (싸다/맛있다)

    1) 가: _____ ?
       나: _____ . (길다/예쁘다)

    2) 가: _____ ?
       나: _____ . (넓다/깨끗하다)

    3) 가: _____ ?
       나: _____ . (예쁘다/귀엽다)

    4) 가: _____ ?
       나: _____ . (가볍다/좋다)

여자아이 girl

문법 4

A/V-지만

1. 〈보기〉와 같이 쓰세요.

보기: 저것/비싸다 | 이것/싸다 → 저것은 비싸지만 이것은 쌉니다.

1) 식당/가깝다 | 편의점/멀다 → _____.
2) 운동화/편하다 | 구두/불편하다 → _____.
3) 언니/머리/길다 | 여동생/머리/짧다 → _____.

2. 〈보기〉와 같이 쓰세요.

보기:
가: 한국어 공부가 어때요?
나: 한국어 공부가 어렵지만 재미있어요. (어렵다/재미있다)

1)
가: _____?
나: _____. (맵다/맛있다)

2)
가: _____?
나: _____. (좁다/깨끗하다)

3)
가: _____?
나: _____. (예쁘다/비싸다)

4)
가: _____?
나: _____. (무겁다/좋다)

반지 ring

활동 1 잘 듣고 다음 대화를 완성하세요. 🔊 track 06 — activity

왕밍밍 한국어 교실은 _____ 있어요?
에밀리 아라뮤즈홀   외국어교육원   있어요.
왕밍밍 외국어교육원은 _____ 있어요?
에밀리 아라뮤즈홀 _____.
왕밍밍 _____ 교실은 어때요?
에밀리 _____ 깨끗해요.
왕밍밍 한국어 수업은 _____?
에밀리 _____ 재미있어요.

활동 2 다음을 들으면서 따라 쓰세요. 🔊 track 07 — activity

1. 교실에 학생이 있어요.

2. 우유와 빵이에요.

3. 한국어 책과 연필이 있어요.

4. 제주대학교는 넓고 깨끗합니다.

5. 이건 길지만 그건 짧습니다.

활동 3 그림을 보고 쓰세요.

왕밍밍 씨와 이즈미 씨가 외국어교육원 앞에 있습니다. 외국어교육원은 아라뮤즈홀 옆에 있습니다. 외국어교육원과 아라뮤즈홀에 한국어 교실이 있습니다. 한국어 교실은 넓고 깨끗합니다. 한국어 수업은 어렵지만 재미있습니다.

1급 교실은

04

―

장소
티엔 씨, 어디에 가요?

어휘

1. <보기>와 같이 연결하세요.

자다 to sleep

2. 〈보기〉와 같이 쓰세요.

문법 1

A/V-아요/어요

1. 표를 완성하세요.

싸다	싸요	없다	없어요
작다		넓다	
많다		멀다	
높다		크다	
좁다		예쁘다	
친절하다		있다	
사다		배우다	
만나다		쓰다	
앉다		만들다	
찾다		읽다	
오다		마시다	
보다		기다리다	
공부하다		★묻다	
숙제하다		★듣다	

2. 〈보기〉와 같이 쓰세요.

  제인 씨는 공부해요.

1)

유나 씨는 _____.

2)

이 가방은 _____.

3)

토마스 씨는 _____.

4)

저 옷은 _____.

문법 2

grammar

N을/를

1. 〈보기〉와 같이 쓰세요.

 저는 빵(을/를) 먹어요.

1)  저는 _____(을/를) 배워요.

2)  밍밍 씨는 _____(을/를) 사요.

3)  찬영 씨는 _____(을/를) 읽어요.

4)  티엔 씨는 _____(을/를) 타요.

2. 〈보기〉와 같이 쓰세요.

보기 제인/커피/마시다 → 제인 씨는 커피를 마셔요.

1) 알리한/숙제/하다 → _____.

2) 기욤/불고기/만들다 → _____.

3) 토마스/친구/만나다 → _____.

4) 나/음악/듣다 → _____.

5) 우리/선생님/기다리다 → _____.

문법 3

grammar

N에서

1. 〈보기〉와 같이 쓰세요.

  시장에서 사과하고 바나나를 사요.

1)  _____ 커피를 마셔요.

2)  _____ 비행기를 타요.

3)  _____ 친구를 만나요.

4)  _____ 돈을 찾아요.

2. 〈보기〉와 같이 쓰세요.

가: 어디에서 한국어를 배워요?
나: 제주대학교에서 한국어를 배워요.

1)
가: _____ 점심을 먹어요?
나: _____ .

2)
가: _____ 책을 사요?
나: _____ .

3)
가: _____ 일해요?
나: _____ .

비행기 airplane

44 제대로 한국어 1 **Workbook**

문법 4

V-(으)러 가다[오다]

1. 〈보기〉와 같이 쓰세요.

   보기 물/마시다 → 물을 마시러 가요.

   1) 밥/먹다 → _____.
   2) 영화/보다 → _____.
   3) 한국어/공부하다 → _____.
   4) 통장/만들다 → _____.

2. 〈보기〉와 같이 쓰세요.

   가: 학생회관에 뭐 하러 가요?
   나: 친구를 만나러 가요.

   1)
   가: 도서관에 뭐 하러 가요?
   나: _____.

   2)
   가: 편의점에 뭐 하러 가요?
   나: _____.

   3)
   가: 운동장에 뭐 하러 가요?
   나: _____.

   4)
   가: 시장에 뭐 하러 가요?
   나: _____.

활동 1 잘 듣고 다음 대화를 완성하세요. track 08

페르난도	티엔 씨, 어디에 가요?
티엔	학생회관에 _____.
페르난도	저도 거기에 가요. _____ 사요.
티엔	학생회관에 서점이 있어요?
페르난도	네, 2층에 있어요. 티엔 씨는 _____ 가요?
티엔	저는 학생식당에 점심 _____ 가요.
페르난도	그럼 같이 가요.

활동 2 다음을 들으면서 따라 쓰세요. track 09

1. 토마스가 의자에 앉아요.
2. 극장에서 영화를 봐요.
3. 도서관에서 책을 읽어요.
4. 점심을 먹으러 학생식당에 가요.
5. 케이크를 사러 빵집에 가요.

활동 3 그림을 보고 쓰세요.

activity

페르난도 씨는 학생회관에 갑니다.

05

―
날짜·요일
시험이 언제예요?

6월 27일 수요일이에요.

어휘

1. <보기>와 같이 쓰세요.

   보기: 3/13 — <u>삼월 십삼 일</u>입니다.

   1) 6/29 _____입니다.
   2) 8/31 _____입니다.
   3) 10/16 _____입니다.
   4) 11/12 _____입니다.

2. 빈칸에 맞는 단어를 쓰세요.

1)					주말	
월요일	2)	수요일	3)	4)	토요일	일요일
1	2	3	4	5	6	7
8	9	10	11	12	13	14
15	16	17	18	19	20	21
22 5)	23 6)	24 오늘	25 7)	26 8)	27	28
29	30	31	1	2	3	4

← 9)

← 이번 주

← 10)

3. <보기>와 같이 쓰고 연결하세요.

보기   5월 8일은 <u>어버이날</u> 이에요.

1) 10월 9일은 _____ 이에요/예요.

2) 제 _____ 은/는 6월 4일이에요.

3) _____ 은/는 2월 14일이에요.

4) 12월 25일은 _____ 이에요/예요.

한글날

생일

크리스마스

밸런타인데이

어버이날

문법 1
N부터 N까지

1. 〈보기〉와 같이 쓰세요.

보기
한국어 수업				
월	화	수	목	금

가: 한국어 수업은 언제예요?
나: *한국어 수업은 월요일부터 금요일까지예요.*

1)
옷 가게 할인
10/1~10/10

가: 옷 가게 할인은 언제예요?
나: _____.

2)
설날 연휴
금요일~일요일

가: 설날 연휴는 언제예요?
나: _____.

3)
한국의 겨울		
12월	1월	2월

가: 한국의 겨울은 몇 월부터 몇 월까지예요?
나: _____.

4)
D 마트				
1층	2층	3층	4층	5층
6층	7층	8층	9층	10층

가: D 마트는 몇 층부터 몇 층까지예요?
나: _____.

5)
5과
108쪽~110쪽

가: _____?
나: _____.

☞ 할인 discount

문법 2

N에(시간)

1. 〈보기〉와 같이 쓰세요.

월요일	화요일	수요일	목요일	금요일	토요일	일요일
1	2 ★오늘	3	4	5 친구를 만나요.	6	7 운동해요.
8	9 한글날 한국어 말하기 대회	10	11	12	13	14 운동해요.
15	16	17 서점에 가요.	18	19	20	21 운동해요.
22	23	24	25 중간 시험을 봐요.	26	27	28 운동해요.
29	30	31 케이팝(K-POP) 콘서트에 가요.	1	2	3	4

보기
가: 언제 친구를 만나요?
나: <u>10월 5일 금요일에 친구를 만나요.</u>

1) 가: 언제 한국어 말하기 대회가 있어요?
   나: _____ .

2) 가: 언제 서점에 가요?
   나: _____ .

3) 가: 언제 운동을 해요?
   나: _____ .

4) 가: 10월 25일에 무엇을 해요?
   나: _____ .

5) 가: 10월 31일에 뭐 해요?
   나: _____ .

문법 3

A/V-(으)ㄹ 거예요, N일 거예요

1. 표를 완성하세요.

싸다	쌀 거예요	재미없다	재미없을 거예요
작다		넓다	
많다		크다	
좋다		예쁘다	
좁다		있다	
친절하다		★길다	
깨끗하다		★멀다	
가다		배우다	
만나다		쓰다	
앉다		만들다	
찾다		읽다	
오다		마시다	
보다		기다리다	
운동하다		★걷다	
일하다		★듣다	
★놀다		★만들다	
의사이다		학생이다	

2. 〈보기〉와 같이 쓰세요.

> **보기** 오후 / 학생식당 / 점심을 먹다 → 오후에 학생식당에서 점심을 먹을 거예요.

1) 다음 주 / 시청 / 여권 사진을 찍다 → _____.

2) 금요일 / 친구 집 / 떡볶이를 만들다 → _____.

3) 저녁 / 공원 / 산책을 하다 → _____.

4) 주말 / 집 / 쉬다 → _____.

5) 내년 / 고향 / 가다 → _____.

3. 〈보기〉와 같이 쓰세요.

가: 주말에 뭐 할 거예요?

나: <u>시장에 갈 거예요.</u>

1)

가: 내일 뭐 할 거예요?

나: _____.

2)

가: 생일에 뭐 할 거예요?

나: _____.

3)

가: 이번 주 금요일에 뭐 할 거예요?

나: _____.

4. 〈보기〉와 같이 쓰세요.

가: 저 사람은 어느 나라 사람일까요?

나: 저 사람은 <u>한국 사람일 거예요.</u>

1)

가: 휴대폰이 없어요. 어디에 있을까요?

나: 휴대폰은 _____.

2)

가: 티엔 씨는 주말에 뭐 할까요?

나: 티엔 씨는 _____.

3)

가: 내일 학교에 사람이 많을까요?

나: 아니요, _____.

활동 1 잘 듣고 다음 대화를 완성하세요. 🔊 track 10 　　　　　activity

김찬영	시험이 몇 월 며칠이에요?
이즈미	_____이에요.
김찬영	무슨 요일이에요?
이즈미	_____.
김찬영	그럼 방학이 _____?
이즈미	이번 주 _____ 다음 주 _____.
김찬영	방학에 뭐 할 거예요?
이즈미	집에서 _____.
김찬영	다음 주 토요일에 케이팝(K-pop) 콘서트가 있어요. 같이 보러 가요.
이즈미	좋아요.

활동 2 다음을 들으면서 따라 쓰세요. 🔊 track 11 　　　　　activity

1. 시험이 몇 월 며칠이에요?

2. 무슨 요일이에요?

3. 방학에 뭐 할 거예요?

4. 다음 주 토요일에 콘서트가 있어요.

5. 1부터 10까지 써요.

활동 3 그림을 보고 쓰세요.

activity

한국어 시험은 6월 27일입니다.

06

시간

지금 몇 시예요?

오전 10시 5분이에요.

어휘

1. 〈보기〉와 같이 쓰세요.

1	2	3	4	5	6	7
〈보기〉 하나						일곱
8	9	10	11	12	13	14
					열셋	
20	30	40	50	60	70	80
				예순		
90	99	100	101	102	117	598
			백일			
1,000	4,500	10,000	50,000	100,000	840,000	1,000,000
천				십만		

2. 〈보기〉와 같이 쓰세요.

    1)    2)

아홉 시입니다.

3)    4)    5)

vocabulary

3. 〈보기〉와 같이 연결하고 쓰세요.

보기 • • 청소하다

1) • • 세수하다   세수해요.

2) • • 친구를 만나다

3) • • 산책하다

4) • • 커피를 마시다

5) • • 잠을 자다

6) • • 텔레비전을 보다

7) • • 컴퓨터를 하다

8) • • 전화하다

문법 1

A/V-았어요/었어요

1. 표를 완성하세요.

싸다	쌌어요	없다	없었어요
많다		넓다	
작다		바쁘다	
낮다		예쁘다	
높다		크다	
좋다		느리다	
좁다		재미있다	
친절하다		길다	
가다		먹다	
사다		열다	
타다		배우다	
만나다		쉬다	
일어나다		쓰다	
닦다		만들다	
앉다		읽다	
찾다		마시다	
보다		기다리다	
오다		빌리다	
게임하다		★묻다	
요리하다		★듣다	
샤워하다		★걷다	

grammar

2. ⟨보기⟩와 같이 쓰세요.

가: 어제 뭐 했어요?
나: 친구와 영화를 봤어요.

1)

가: 주말에 뭐 했어요?
나: _____.

2)

가: 지난주에 뭐 했어요?
나: _____.

3)

가: 토요일에 뭐 했어요?
나: _____.

3. ⟨보기⟩와 같이 쓰세요.

어제/오늘/내일

(1) 어제 친구를 만났어요.
(2) 오늘 친구를 만나요.
(3) 내일 친구를 만날 거예요.

1)
지난주/이번 주/다음 주

(1) _____.
(2) _____.
(3) _____.

2)
작년/올해/내년

(1) _____.
(2) _____.
(3) _____.

06 시간 63

문법 2

안 A/V, A/V-지 않다

1. 〈보기〉와 같이 쓰세요.

> 보기 오늘 바빠요. → 오늘 안 바빠요.
> 오늘 바쁘지 않아요.

1) 티엔 씨는 매일 요리해요. → _____.

2) 내일 바다에 갈 거예요. → _____.

3) 어제 영화를 봤어요. → _____.

4) 주말에 시장에 사람이 많았어요. → _____.

2. 〈보기〉와 같이 쓰세요.

보기 가: 운동해요?
나: 아니요, 운동하지 않아요. 산책해요.

1) 가: 커피를 마셔요?
나: 아니요, _____ . _____ .

2) 가: 밥을 먹었어요?
나: 아니요, _____ . _____ .

3) 가: 서울에 갈 거예요?
나: 아니요, _____ . _____ .

grammar

3. <보기>와 같이 쓰세요

> 보기
> 가: 가방이 비싸요?
> 나: 아니요, 가방이 안 비싸요. 가방이 싸요.

1) 가: 신발이 편해요?
   나: 아니요, _____ . _____ .

2) 가: 기숙사가 멀어요?
   나: 아니요, _____ . _____ .

3) 가: 학생회관에 사람이 많았어요?
   나: 아니요, _____ . _____ .

4) 가: 이번 시험이 어려웠어요?
   나: 아니요, _____ . _____ .

4. <보기>와 같이 ○, ×를 하세요.

보기	한국어를 안 공부해요.(×)	한국어를 공부하지 않아요.(○)
1)	오늘은 안 산책해요.( )	오늘은 산책 안 해요.( )
2)	영화가 안 재미있어요.( )	영화가 재미없어요.( )
3)	냉장고에 우유가 없어요.( )	냉장고에 우유가 안 있어요.( )
4)	어제는 운동했지 않아요.( )	어제는 운동하지 않았어요.( )
5)	지난주에 안 숙제했어요.( )	지난주에 숙제 안 했어요.( )

활동 1 잘 듣고 다음 대화를 완성하세요. 🔊 track 12

페르난도	에밀리 씨, 어디 가세요?
에밀리	_____. 다음 주부터 시험이에요.
	페르난도 씨는 시험 공부 좀 _____?
페르난도	아니요, 아직 _____.
에밀리	그럼 페르난도 씨도 도서관에 같이 갈래요?
페르난도	미안해요. 지금은 친구하고 약속이 있어요. 이따가 갈게요.
	그런데 도서관은 _____?
에밀리	_____ 열어요.
페르난도	그럼 저녁에 도서관에서 봐요.
에밀리	좋아요.

활동 2 다음을 들으면서 따라 쓰세요. 🔊 track 13

1. 다음 주부터 시험이에요.
2. 시험 공부 좀 했어요?
3. 아니요, 아직 안 했어요.
4. 도서관에 같이 갈래요?
5. 밤 열두 시까지 열어요.

활동 3 그림을 보고 쓰세요.

activity

에밀리 씨는 지금 도서관에 갑니다.

07

음식

무슨 음식을 좋아해요?

어휘

1. <보기>와 같이 쓰세요.

vocabulary

2. <보기>와 같이 연결하세요.

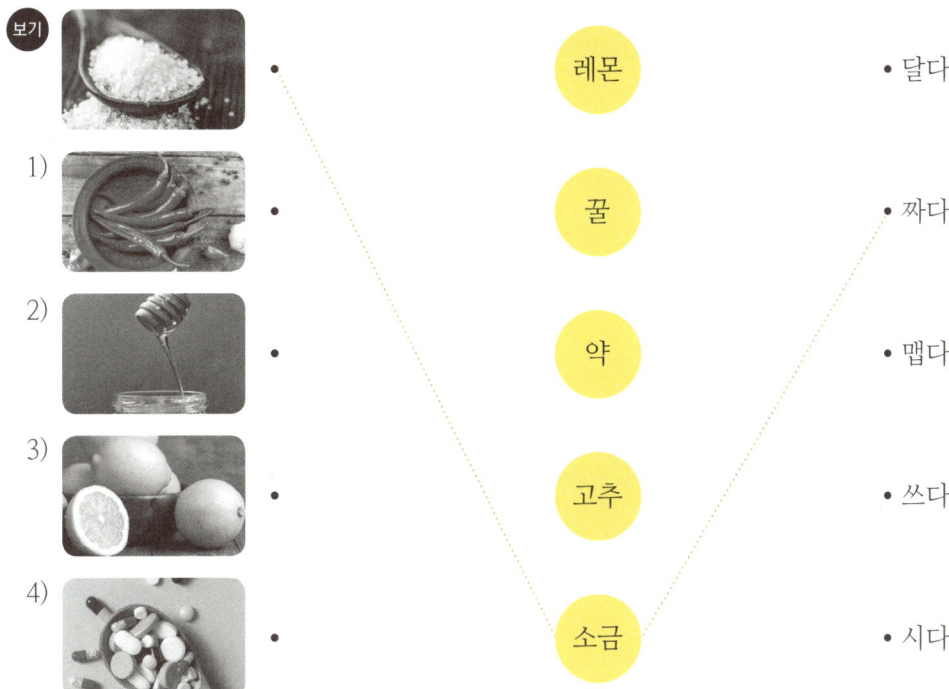

3. <보기>와 같이 쓰세요.

보기 미역국 / 싱겁다 → 미역국이 싱거워요.
　　　　　　　　　　　미역국이 싱겁습니다.

1) 떡볶이 / 맵다 →

2) 케이크 / 달다 →

3) 식초 / 시다 →

4) 커피 / 쓰다 →

07 음식 71

문법 1

V-(으)ㄹ까요?

1. 표를 완성하세요.

만나다	만날까요?	먹다	
보다		쓰다	
앉다		마시다	
운동하다		읽다	
★놀다		★걷다	

2. 〈보기〉와 같이 쓰세요.

보기
가: 우리 바다에 갈까요?
나: 네, 바다에 가요.

1) 가: _____?
   나: 네, 한국 노래를 들어요.

2) 가: _____?
   나: 좋아요. 순두부찌개를 만들어요.

3) 가: _____?
   나: 좋아요. 한 시에 만납시다.

3. 〈보기〉와 같이 고르고 쓰세요.

보기 (토요일/일요일)
가: 우리 언제 만날까요?
나: 토요일에 만나요.

1) (시청 / 신제주)
가: 우리 어디에 _____?
나: _____.

2) (1시 / 2시)
가: 우리 몇 시에 _____?
나: _____.

3) (떡볶이 / 김밥)
가: 우리 무엇을 _____?
나: _____.

문법 2

못 V, V-지 못하다

1. 〈보기〉와 같이 쓰세요.

    보기 학교에 가요. → 학교에 못 가요. / 학교에 가지 못해요.

   1) 한국 신문을 읽어요.   →　　　　　　　　 . /　　　　　　　　 .
   2) 동생이 요리해요.   →　　　　　　　　 . /　　　　　　　　 .
   3) 내일 바다에 갈 거예요. →　　　　　　　　 . /　　　　　　　　 .
   4) 어제 영화를 봤어요.   →　　　　　　　　 . /　　　　　　　　 .

2. 〈보기〉와 같이 쓰세요.

   보기  가: 한국 음식을 만들어요?
   나: 아니요, 만들지 못해요.

   1)  가: 운전해요?
   나: 아니요, 　　　　　　　　　　　　.

   2)  가: 친구를 만날 거예요?
   나: 아니요, 　　　　　　　　　　　　.

   3)  가: 숙제했어요?
   나: 아니요, 　　　　　　　　　　　　.

3. 〈보기〉와 같이 맞는 것을 고르세요.

   보기 팔을 다쳤어요. 혼자 옷을 (안 /(못)) 입어요.

   1) 오늘 저는 (안 / 못) 바빠요.
   2) 커피를 많이 마셨어요. 잠을 (안 / 못) 잤어요.
   3) 오늘은 일요일이에요. 은행 문을 (안 / 못) 열어요.
   4) 새벽 5시까지 게임을 했어요. 아침에 (안 / 못) 일어났어요.

👆 혼자 alone, by oneself

문법 3

V-(으)ㄹ게요

1. 표를 완성하세요.

가다	갈게요	쓰다	
자다		기다리다	
일어나다		입다	
닦다		★만들다	
전화하다		★듣다	

2. <보기>와 같이 쓰세요.

가: 누가 읽을 거예요?
나: 제가 읽을게요.

1)

가: 몇 시에 전화할 거예요?
나: _____.

2)

가: 언제 이메일을 보낼 거예요?
나: _____.

3)

가: 제가 점심을 살게요.
나: 그럼 _____.

4)

가: 제가 요리할게요.
나: 그럼 _____.

문법 4

V-고 싶다

1. 〈보기〉와 같이 쓰세요.

  여행하고 싶어요.

1)

_____.

2)

_____.

3)

_____.

4)

_____.

2. 〈보기〉와 같이 쓰세요.

 가: 한국에서 뭐 하고 싶어요?
　　　나: 한국어를 배우고 싶어요.

1) 가: 시장에서 뭐 사고 싶어요?

　　나: _____.

2) 가: 주말에 뭐 하고 싶어요?

　　나: _____.

3) 가: 생일에 뭐 받고 싶어요?

　　나: _____.

4) 가: 방학에 어디에 가고 싶어요?

　　나: _____.

활동 1 잘 듣고 다음 대화를 완성하세요. 🔊 track 14

김찬영	뭐 먹을까요?
이즈미	저는 한국 식당이 처음이에요. 뭐가 맛있어요?
김찬영	여긴 떡볶이가 맛있어요. 그런데 좀 _____.
이즈미	저는 매운 음식을 _____. 안 매운 음식은 없어요?
김찬영	물냉면은 어때요? 물냉면은 _____.
이즈미	그럼 저는 물냉면을 _____.
김찬영	좋아요. 저는 떡볶이를 _____. 여기요! 떡볶이 일 인분하고 물냉면 하나 주세요.
이즈미	배가 고파요. 빨리 먹고 싶어요.
김찬영	우리 김밥도 _____?
이즈미	네, 좋아요.
김찬영	여기요! 김밥도 하나 주세요.

활동 2 다음을 들으면서 따라 쓰세요. 🔊 track 15

1. 우리 같이 운동하러 갈까요?

2. 피아노를 못 쳐요.

3. 피아노를 치지 못해요.

4. 제가 먼저 읽을게요.

5. 저는 가족을 만나고 싶습니다.

활동 3 그림을 보고 쓰세요.

activity

오늘 찬영 씨와 이즈미 씨는 한국 식당에 갔습니다.

08

교통수단

여기에서 기숙사까지 얼마나 걸려요?

어휘

1. 〈보기〉와 같이 연결하세요.

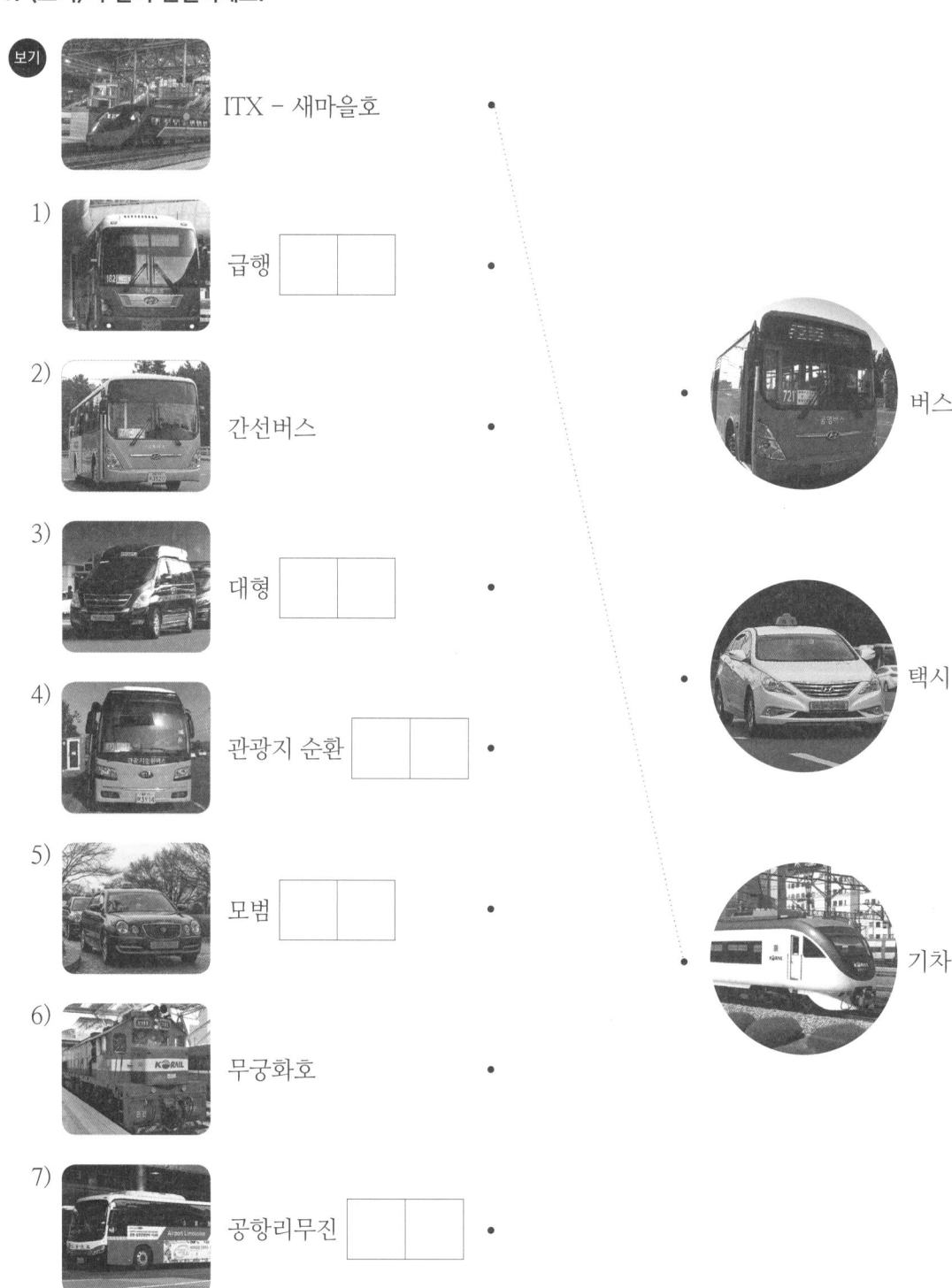

vocabulary

2. 빈 칸에 맞는 단어를 쓰고 <보기>와 같이 문장을 완성하세요.

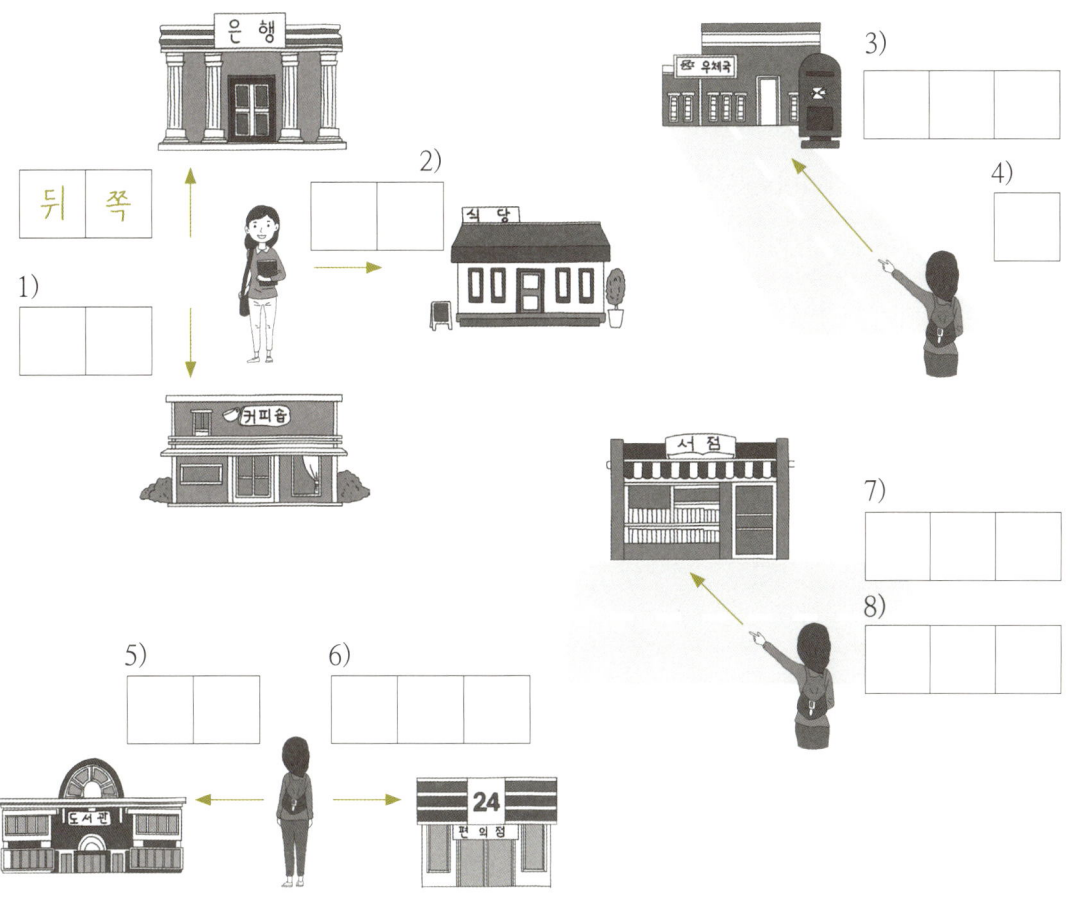

보기 가: 은행은 어디에 있어요?
나: 이즈미의 뒤쪽에 있어요.

9) 가: 식당은 어디에 있어요?
   나: _____.

10) 가: 우체국은 어디에 있어요?
    나: 앞쪽에 있어요. _____ 가세요.

11) 가: 도서관은 어디에 있어요?
    나: _____.

12) 가: 서점은 어디에 있어요?
    나: _____.

문법 grammar

N에서 N까지

1. 〈보기〉와 같이 쓰세요.

| 보기 | 기숙사 / 교실 / 아주 가깝다 | → 기숙사에서 교실까지 아주 가까워요. |

1) 집 / 학교 / 멀지 않다 → _____.
2) 1층 / 5층 / 엘리베이터를 타다 → _____.
3) 시청 / 중앙로 / 어떻게 가다 → _____?
4) 여기 / 버스 정류장 / 얼마나 걸리다 → _____?

2. 〈보기〉와 같이 쓰세요.

보기: 학교 —20분→ 공항
가: 학교에서 공항까지 택시로 얼마나 걸려요?
나: 20분 걸려요.

1) 한국 —3시간 30분→ 베트남
가: _____?
나: _____.

2) 중앙로 —40분→ 학교
가: _____?
나: _____.

3) 부산 —3시간→ 후쿠오카 (일본)
가: _____?
나: _____.

4) 서울 —5시간 30분→ 경주
가: _____?
나: _____.

5) 집 —5분→ 편의점
가: _____?
나: _____.

엘리베이터 elevator

문법 2

V-(으)세요

1. 표를 완성하세요.

가다	가세요	가지 마세요	읽다		
닦다			말하다		
앉다			★듣다		
쓰다			★열다		

2. 〈보기〉와 같이 쓰세요.

가: 어디에 이름을 써요?
나: 여기에 이름을 쓰세요.

1)
가: 선생님, 몇 쪽을 읽어요?
나: .

2)
가: 내일 몇 시까지 와요?
나: .

3)
가: 몇 번 버스를 타요?
나: .

3. 〈보기〉와 같이 쓰세요.

수업 시간에 자지 마세요.

1)
                           .

2)
                           .

3)
                           .

문법 3

grammar

A/V-(으)니까, N(이)니까

1. 표를 완성하세요.

싸다	싸니까	맛없다	
좋다		★멀다	
깨끗하다		★덥다	
가다		입다	
찾다		★열다	
운전하다		★듣다	
가수이다		학생이다	

2. 〈보기〉와 같이 쓰세요.

> 보기) 다음 주에 시험이 <u>있으니까</u> 공부하세요. (있다)

1) 수업이 오후 2시에 _____ 2시 30분에 만나요. (끝나다)

2) 교실이 _____ 창문을 열까요? (덥다)

3) 비가 _____ 우산을 쓰세요. (오다)

4) 딸기는 어제 _____ 오늘은 바나나를 사요. (사다)

3. 〈보기〉와 같이 쓰세요.

> 보기) 가: 뭐 먹을까요?
> 나: <u>비빔밥이 맛있으니까 비빔밥을 먹어요.</u> (비빔밥이 맛있다)

1) 가: 오늘 만날까요?
   나: _____. (숙제가 많다)

2) 가: 택시를 타고 갈까요?
   나: _____. (택시가 비싸다)

3) 가: 우리 어디에 놀러 갈까요?
   나: _____. (날씨가 좋다)

4) 가: 전화를 다시 할까요?
   나: _____. (전화를 하다)

문법 4

A/V-아서/어서, N이어서/여서

1. 표를 완성하세요.

많다	많아서	느리다	
좁다		★크다	
피곤하다		★쉽다	
닫다		배우다	
살다		쓰다	
보다		입다	
운전하다		★듣다	
가수이다		학생이다	

2. 〈보기〉와 같이 쓰세요.

 보기 피곤하다 / 기숙사에서 쉬다 → 피곤해서 기숙사에서 쉬어요.

1) 갈비탕이 싱겁다 / 소금을 넣다 → _____.

2) 친구가 한국에 오다 / 기분이 좋다 → _____.

3) 오래 걷다 / 다리가 아프다 → _____.

3. 〈보기〉와 같이 쓰세요.

보기

가: 요즘 운동해요?
나: 바빠서 운동하지 못해요.

1)

가: 방학에 고향에 가요?
나: _____ 못 가요.

2)

가: 떡볶이를 왜 안 먹어요?
나: _____ 못 먹어요.

3)

가: 주말에 한라산에 갔어요?
나: _____.

넣다 to put

활동 1 잘 듣고 다음 대화를 완성하세요. 🔊 track 16

왕밍밍	찬영 씨, 어디에서 교내순환버스를 타요?
김찬영	정문 앞에 _____ 있어요. 저쪽으로 가세요.
왕밍밍	기숙사까지 _____?
김찬영	5분쯤 걸려요.
왕밍밍	그럼 _____ 걸어서 얼마나 걸려요?
김찬영	멀지 않아요. 15분쯤 걸려요. _____ 걸어서 가세요.
왕밍밍	오늘은 너무 _____ 걷고 싶지 않아요.
김찬영	어, 저기 버스가 와요.

활동 2 다음을 들으면서 따라 쓰세요. 🔊 track 17

1. 기숙사에서 교실까지 아주 가까워요.
2. 가까우니까 걸어서 가세요.
3. 피곤해서 걷고 싶지 않아요.
4. 다리가 아프니까 잠깐 쉴까요?
5. 컴퓨터를 오래 봐서 눈이 아파요.

활동 3 그림을 보고 쓰세요.

왕밍밍 씨와 김찬영 씨가 제주대학교 정문 앞에 있습니다.

09

주문

주문하시겠어요?

어휘

1. <보기>와 같이 쓰세요.

보기) 책 세 권

1) 사과
2) 고양이
3) 피자
4) 연필
5) 구두
6) 장미꽃
7) 맥주
8) 김밥
9) 물
10) 케이크
11) 냉면
12) 커피
13) 딸기 주스
14) 자동차

2. 표를 완성하세요.

	-습니다/ㅂ니다	-아요/어요	-았/었어요	-(으)ㄹ 거예요
차갑다				
좋다				
뜨겁다		뜨거워요		
기쁘다				
나쁘다				
슬프다			슬펐어요	
힘들다	힘듭니다			
재미있다				
따뜻하다				
시원하다				
피곤하다				
행복하다				행복할 거예요

3. 〈보기〉와 같이 맞는 것을 고르세요.

물이 (뜨겁습니다 / 차갑습니다).

1) 한국어가 (재미있어요 / 재미없어요).

2) 스티븐 씨는 (행복해요 / 힘들어요).

3) 제니 씨는 (기뻤어요 / 피곤했어요).

4) 영화가 (슬펐어요 / 나빴어요).

문법 1

A-(으)ㄴ N

1. 빈칸을 완성하세요.

싸다	(싼) 과일	★맵다	(매운) 음식
좋다	( ) 친구	★무겁다	( ) 가방
좁다	( ) 길	★멀다	( ) 고향
넓다	( ) 운동장	★어렵다	( ) 숙제
빠르다	( ) 비행기	★힘들다	( ) 일
예쁘다	( ) 얼굴	★길다	( ) 치마
편하다	( ) 신발	★재미있다	( ) 한국어
시원하다	( ) 바람	★재미없다	( ) 사람

2. 〈보기〉와 같이 쓰세요.

보기 편합니다 / 옷을 입습니다 → 편한 옷을 입습니다.

1) 좋습니다 / 친구가 많습니다 → _____.

2) 재미있습니다 / 한국어를 배웁니다 → _____.

3) 덥습니다 / 날씨가 싫습니다 → _____.

4) 맵습니다 / 음식을 먹고 싶습니다 → _____.

5) 힘들어요 / 일이 있어요 → _____.

6) 어려워요 / 숙제를 해요 → _____.

7) 길어요 / 머리를 좋아해요 → _____.

8) 예뻐요 / 집에서 살 거예요 → _____.

☞ 싫다 to hate, to dislike

3. <보기>와 같이 쓰세요.

가: 아라뮤즈홀이 어디예요?
나: 저기 <u>높은</u> 건물이 아라뮤즈홀이에요. (높다)

1)

가: 어떤 의자를 사고 싶어요?
나: _____ 의자를 사고 싶어요. (편하다)

2)

가: 주말에 어디에 갈 거예요?
나: 중앙로에 갈 거예요.
　　중앙로에는 _____ 커피숍이 많아요. (예쁘다)

3)

가: 어떤 바지를 좋아해요?
나: 저는 _____ 바지를 좋아해요. (짧다)

4)

가: 어제 저녁에 뭘 먹었어요?
나: _____ 갈비찜을 먹었어요. (맛있다)

5)

가: 주말에 뭐 했어요?
나: 주말에 친구와 _____ 드라마를 봤어요. (슬프다)

6)

가: 은주 씨 남자친구는 어떤 사람이에요?
나: 재미있고 _____ 사람이에요. (친절하다)

드라마 drama

문법 2

V-아/어 주세요

1. 〈보기〉와 같이 쓰세요.

| 주다   열어 주다   켜 주다   말해 주다   사 주다 |

 교실이 어두워요. 불을 좀 켜 주세요.

1) 선생님, 잘 못 들었어요. 큰 소리로 _____.

2) 아빠, 더워요. 아이스크림을 _____.

3) 여기요, 포도 주스 한 잔 _____.

4) 교실이 더우니까 창문을 좀 _____.

2. 〈보기〉와 같이 쓰세요.

가: 잠깐만 기다려 주세요.
나: 네, 알겠습니다.

1)
가: 언제 전화할까요?
나: 오늘 저녁에 _____.

2)
가: 창문을 열까요?
나: 아니요, _____.

3)
가: 저기요, 사진 좀 _____.
나: 네, 카메라 주세요.

4)
가: 어디에 이름을 쓸까요?
나: 여기에 이름을 _____.

문법 3

V-겠습니다

1. 〈보기〉와 같이 쓰세요.

보기: 내일부터 열심히 공부하다 → 내일부터 열심히 공부하겠습니다.

1) 주말에는 기숙사에서 쉬다 → _____.
2) 저는 김밥 한 줄을 먹다 → _____.
3) 내일은 일찍 가다 → _____.
4) 컴퓨터 게임을 하지 않다 → _____.
5) 다음 주부터 눈이 오다 → _____.

2. 〈보기〉와 같이 쓰세요.

보기:
가: 가방이 무거워요.
나: 제가 도와드리겠습니다.

1)
가: 안드레이 씨, 내일 9시까지 오세요.
나: 네, _____.

2)
가: 금요일에 우리 집에 놀러 오세요.
나: 네, _____.

3)
가: 다음에는 늦지 마세요.
나: 네, _____.

4)
가: 무엇을 _____?
나: 따뜻한 커피 한 잔 주세요.

활동 1 잘 듣고 다음 대화를 완성하세요. track 18

점원	_____?
고유나	아메리카노 한 잔하고 레몬차 _____.
점원	두 잔 다 _____ 걸로 드릴까요?
고유나	아메리카노는 _____ 주시고요, 레몬차는 따뜻한 걸로 주세요.
점원	8,000원입니다.
고유나	아, 치즈 케이크도 _____ 주세요.
점원	그러면 12,000원입니다.
고유나	여기요, _____.
점원	영수증 드릴까요?
고유나	아니요, 괜찮습니다.

활동 2 다음을 들으면서 따라 쓰세요. track 19

1. 저는 시원한 주스를 좋아합니다.

2. 2시까지 사무실로 와 주세요.

3. 무엇을 드시겠습니까?

4. 주문하시겠습니까?

5. 레몬차는 따뜻한 걸로 주세요.

활동 3 그림을 보고 쓰세요.

activity

고유나 씨는 오늘 친구와 함께 커피숍에 갔습니다.

10

취미

안드레이 씨는 시간이 있을 때 뭐 해요?

저는 웹툰 보는 걸 좋아해요.

어휘

1.〈보기〉와 같이 연결하세요.

vocabulary

2. <보기>와 같이 연결하세요.

3. 다음에서 골라 쓰세요.

> 항상   언제나   전혀   거의   자주   가끔
> 일주일에 한 번   한 달에 한 번   일 년에 한 번

1) 저는 _____ 7시 30분에 일어납니다.

2) 저는 도서관에 _____ 갑니다.

3) 저는 부모님과 _____ 통화를 합니다.

4) 저는 매운 음식을 싫어해서 김치를 _____ 먹습니다.

문법 1

N(으)로

1. 〈보기〉와 같이 연결하세요.

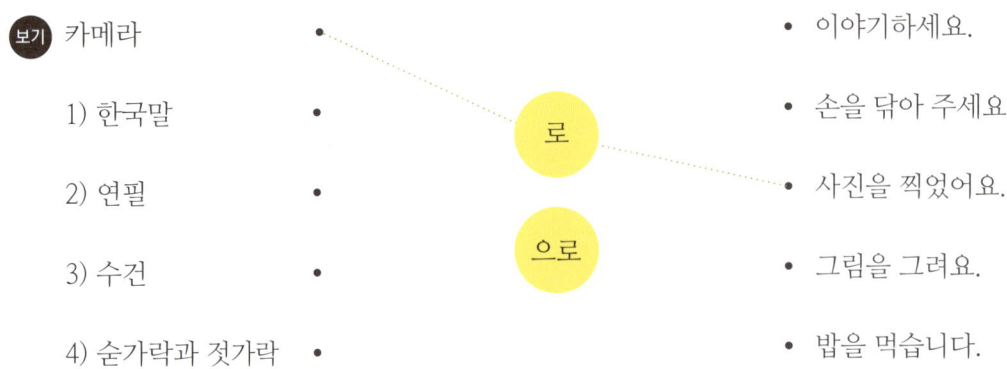

- 보기) 카메라 —————————————————— • 이야기하세요.

- 1) 한국말　　　•　　　　　　　　　　　　　• 손을 닦아 주세요.

　　　　　　　　　　　　　　　(로)

- 2) 연필　　　　•　　　　　　　　　　　　　• 사진을 찍었어요.

　　　　　　　　　　　　　　　(으로)

- 3) 수건　　　　•　　　　　　　　　　　　　• 그림을 그려요.

- 4) 숟가락과 젓가락　•　　　　　　　　　　　• 밥을 먹습니다.

2. 〈보기〉와 같이 쓰세요.

보기) 배로 여행을 해요.

1) _____.

2) _____.

3) _____.

4) _____.

👆 수건 towel

문법 2

A/V-(으)ㄹ 때

1. 〈보기〉와 같이 쓰세요.

   보기 시간이 많다 / 쇼핑을 하다 → 시간이 많을 때 쇼핑을 해요.

   1) 머리가 아프다 / 약을 먹다 → _____.
   2) 날씨가 덥다 / 차가운 물을 마시다 → _____.
   3) 뜨거운 음식을 먹다 / 조심하다 → _____.
   4) 좋은 음악을 듣다 / 행복하다 → _____.

2. 〈보기〉와 같이 쓰세요.

   보기 가: 언제 낮잠을 자요?
   나: 기분이 안 좋을 때 낮잠을 자요.

   1) 가: 언제 기분이 좋아요?
      나: _____.

   2) 가: 언제 화가 나요?
      나: _____.

   3) 가: 언제 부모님이 보고 싶어요?
      나: _____.

   4) 가: 언제 전화할까요?
      나: _____ 전화해 주세요.

   5) 가: _____ 어떻게 해요?
      나: _____ 편의점에 가요.

문법 3
V-는 것

1. 〈보기〉와 같이 쓰세요.

    보기 책을 읽다 / 싫어하다 → 책을 읽는 것을 싫어해요.

    1) 음악을 듣다 / 좋아하다 → _____.
    2) 축구하다 / 구경하다 → _____.
    3) 스키를 타다 / 배우다 → _____.

2. 〈보기〉와 같이 쓰세요.

    보기 한국어로 말하다 / 어렵다 → 한국어로 말하는 것이 어려워요.

    1) 피아노를 치다 / 재미있다 → _____.
    2) 수영하다 / 즐겁다 → _____.
    3) 가구를 만들다 / 힘들다 → _____.

3. 〈보기〉와 같이 쓰세요.

    보기 나의 취미 / 탁구를 치다 → 제 취미는 탁구를 치는 것이에요.

    1) 나의 취미 / 요리를 하다 → _____.
    2) 동생의 취미 / 피규어를 모으다 → _____.
    3) 오늘의 숙제 / 대화를 외우다 → _____.

문법 4

V-(으)ㄹ 줄 알다[모르다]

1. 〈보기〉와 같이 쓰세요.

| 보기 | 수영을 하다 | (할 줄 알아요/할 줄 몰라요) → 수영을 할 줄 알아요. |

1) 운전을 하다　　　(할 줄 알아요/할 줄 몰라요) → _____.
2) 한국노래를 부르다 (할 줄 알아요/할 줄 몰라요) → _____.
3) 스노보드를 타다　 (할 줄 알아요/할 줄 몰라요) → _____.
4) 빵을 만들다　　　(할 줄 알아요/할 줄 몰라요) → _____.
5) 하모니카를 불다　(할 줄 알아요/할 줄 몰라요) → _____.

2. 〈보기〉와 같이 쓰세요.

보기 韓國
가: 이것을 읽을 줄 알아요?
나: 아니요, 읽을 줄 몰라요.

1) 가: _____?
　 나: 네, _____.

2) 가: _____?
　 나: 아니요, _____.

3) 가: _____?
　 나: 아니요, _____.

4) 가: _____?
　 나: 아니요, _____.

활동 1 잘 듣고 다음 대화를 완성하세요. 🔊 track 20

토마스	안드레이 씨는 시간이 _____ 뭐 해요?
안드레이	저는 _____ 웹툰이나 영화를 봐요.
토마스	웹툰 _____ 좋아해요?
안드레이	네, 시간 _____ 마다 자주 봐요.
	토마스 씨는 시간이 있을 때 뭐 해요?
토마스	저는 스쿠버다이빙을 해요.
안드레이	스쿠버다이빙을 _____?
토마스	네, _____ 배웠어요.
안드레이	누구에게 배웠어요?
토마스	아버지한테서 배웠어요.

활동 2 다음을 들으면서 따라 쓰세요. 🔊 track 21

1. 시간이 있을 때 뭐 해요?
2. 핸드폰으로 영상통화를 해요.
3. 제 취미는 수영하는 것이에요.
4. 저는 영화 보는 것을 좋아해요.
5. 운전을 할 줄 알아요.

활동 3 그림을 보고 쓰세요.

activity

토마스 씨는 시간이 있을 때 스쿠버다이빙을 합니다.

11

날씨·계절

오늘은 날씨가 참 좋아요.

이번 주는 지난주보다 따뜻하네요. 벚꽃이 활짝 피었어요.

어휘

1. 〈보기〉와 같이 쓰세요.

> 따뜻하다 덥다 시원하다 쌀쌀하다 춥다 맑다 흐리다 바람이 불다
> 비가 오다 눈이 내리다 눈이 그치다 비가 그치다 안개가 끼다

 보기 바람이 불어서 시원해요.

1) _____ 우산을 가지고 가세요.

2) _____ 옷을 많이 입었어요.

3) _____ 창문을 열었어요.

4) _____ 스키를 타러 가요.

2. 〈보기〉와 같이 쓰세요.

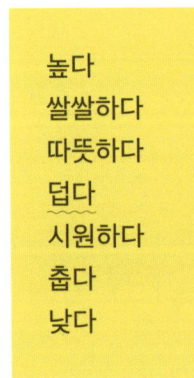

높다
쌀쌀하다
따뜻하다
덥다
시원하다
춥다
낮다

1) 기온이 (   ) ↑

2) 기온이 (   ) ↓

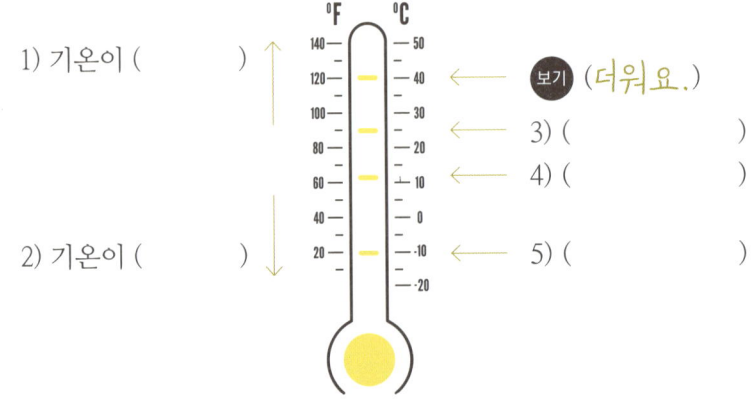

보기 (더워요.)
3) (   )
4) (   )
5) (   )

3. 〈보기〉와 같이 쓰세요.

1)

   보기 봄에는 꽃구경해요.

   　　　　　　　　　　　　．

   　　　　　　　　　　　　．

2)

   　　　　　　　　　　　　．

   　　　　　　　　　　　　．

   　　　　　　　　　　　　．

3)

   　　　　　　　　　　　　．

   　　　　　　　　　　　　．

   　　　　　　　　　　　　．

4)

   　　　　　　　　　　　　．

   　　　　　　　　　　　　．

   　　　　　　　　　　　　．

문법 1

N보다

grammar

1. 〈보기〉와 같이 쓰세요.

보기	50,000원	100,000원
	가방	지갑

지갑이 가방보다 비싸요.
가방이 지갑보다 싸요.

1)

	180cm	160cm
	형	동생

2)

	10개	5개
	사과	귤

3)

	100점	70점
	한국어 점수	영어 점수

4)

	1,000만 명	66만 명
	서울	제주도

2. 〈보기〉와 같이 쓰세요.

보기 — 가다
저는 산에 가는 것보다 바다에 가는 것을 좋아해요.

1) 공부하다

2) 내리다

3) 입다

4) 신다

문법 2

A/V-네요

1. 〈보기〉와 같이 쓰세요.

  벚꽃이 <u>예쁘네요.</u>

1)  눈이 _____.

2)  날씨가 _____.

3)  제인 씨가 _____.

4)  이 문제가 _____.

5)  아이스크림이 _____.

2. 〈보기〉와 같이 쓰세요.

보기 할아버지 / 읽다 → <u>할아버지께서 책을 읽으시네요.</u>

1) 아버지 / 요리하다 → _____.

2) 할머니 / 안경을 찾다 → _____.

3) 어머니 / 예쁘다 → _____.

4) 선생님 / 친절하다 → _____.

문법 3
A-(으)ㄴ데, V-는데, N인데

1. 표를 완성하세요.

크다	큰데	가다	가는데	가수	가수인데
작다		먹다		친구	
따뜻하다		운동하다		학생	
★춥다		입다		책	
★멋있다		걷다		선생님	
★멀다		★만들다		중국 사람	

★크다	컸는데	가다	갔는데	가수	가수였는데
작다		먹다		친구	
따뜻하다		운동하다		학생	
★춥다		입다		책	
멋있다		★걷다		선생님	
멀다		만들다		중국 사람	

2. 〈보기〉와 같이 쓰세요.

> 보기) 요즘 한국어를 <u>배우는데</u> 정말 재미있어요. (배우다)

1) 날씨가 _____ 창문을 닫을까요? (춥다)

2) 지난주에 영화를 _____ 무서웠어요. (보다)

3) 볼펜이 _____ 좀 빌려 주세요. (없다)

4) 운동화를 _____ 어디에 가면 좋아요? (사고 싶다)

5) 이 사람은 제 _____ 노래를 잘해요. (친구)

문법 4

A/V-(으)면

1. 〈보기〉와 같이 쓰세요.

   보기) 친구가 제주에 <u>오면</u> 매일 만날 거예요. (오다)

   1) 날씨가 _____ 바다에 놀러 가요. (좋다)
   2) 수업이 _____ 친구하고 점심을 먹어요. (끝나다)
   3) 오래 _____ 다리가 아파요. (걷다)
   4) 창문을 _____ 시원해요. (열다)
   5) 너무 _____ 집에 가세요. (피곤하다)

2. 〈보기〉와 같이 쓰세요.

    수업이 끝나면 학생식당에서 점심을 먹을 거예요.

   1)  _____ .

   2)  _____ .

   3)  _____ .

   4)  _____ .

활동 1 잘 듣고 다음 대화를 완성하세요. 🔊 track 22

토마스   오늘은 날씨가 참 좋아요.

고유나   네, 이번 주는 _____. 벚꽃이 활짝 피었어요.

토마스   아, 그래요? 벌써 벚꽃이 피었어요?

고유나   제주대학교 _____ 아주 예뻐요.

토마스   저도 보러 가고 싶어요.

고유나   그럼 _____ 같이 벚꽃 사진 찍으러 갈래요?

토마스   좋아요. 저는 수업이 _____ 유나 씨는 수업이 몇 시에 끝나요?

고유나   _____ 4시 30분에 제주대학교 정문에서 만나요.

토마스   네, 좋아요.

활동 2 다음을 들으면서 따라 쓰세요. 🔊 track 23

1. 이번 주는 지난주보다 따뜻하네요.

2. 벚꽃이 피었는데 아주 예뻐요.

3. 수업이 끝나면 뭐 할 거예요?

4. 한국말을 아주 잘하시네요.

5. 이 옷이 예쁜데 입어 보세요.

활동 3 그림을 보고 쓰세요.　　　　　　　　　　　　　　　　　　　　　activity

제주 대학교 입구에 벚꽃이 많이 피었습니다.

12

계획

이번 방학 때 뭐 할 거예요?

어휘

1. 〈보기〉와 같이 연결하세요.

   보기) 큰 가방을 메고 여행합니다. • • 국내 여행

   1) 다른 나라에 여행을 갑니다. • • 해외여행

   2) 학교에서 친구들과 함께 여행을 갑니다. • • 배낭여행

   3) 우리나라 이곳저곳을 여행합니다. • • 수학여행

2. 〈보기〉와 같이 쓰세요.

   해외여행 전에 준비하세요!

   여권을 만들어요.   1) _____.   2) _____.   3) _____.

3. 〈보기〉와 같이 쓰세요.

   여행해요!

     →  →  →

   출발해요.   1) _____.   2) _____.   3) _____.

메다 to shoulder

4. 〈보기〉와 같이 쓰세요.

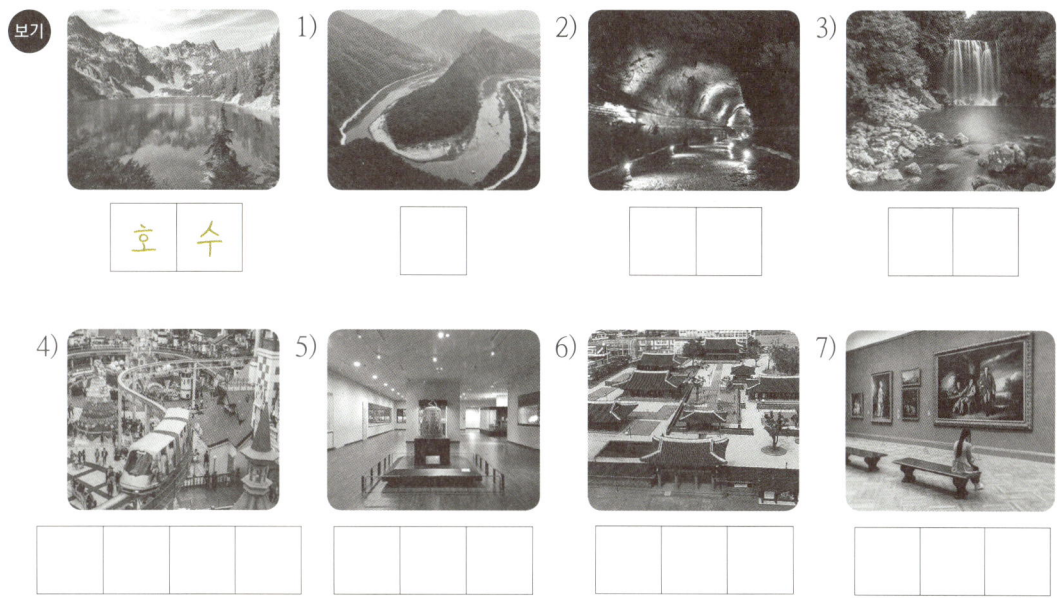

5. 〈보기〉와 같이 쓰세요.

보기 휴일에 가족들과 가고 싶은 곳	유적지, 박물관
1) 방학 때 여행 가고 싶은 곳	
2) 주말에 친구들과 놀러 가고 싶은 곳	
3) 여름에 가고 싶은 곳	
4) 겨울에 가고 싶은 곳	
5) 혼자 가고 싶은 곳	
6) 남자 친구/여자 친구와 가고 싶은 곳	
7) 기분이 좋지 않을 때 가고 싶은 곳	
8) 심심할 때 가고 싶은 곳	

문법 1
V-(으)ㄴ N, V-는 N, V-(으)ㄹ N

1. 표를 완성하세요.

구경하다	구경한	구경하는	구경할
받다			
주다			
★걷다			
모으다			
★만들다			
사귀다			
씻다			
찍다			

2. 〈보기〉와 같이 쓰세요.

보기 어제 / 먹다 / 갈비탕 / 맛있다 → 어제 먹은 갈비탕이 맛있었어요.

1) 지난 토요일 / 가다 / 놀이공원 / 재미있다 → _____.

2) 지금 / 읽다 / 잡지 / 여행 잡지이다 → _____.

3) 내일 / 보다 / 영화 / 한국 영화이다 → _____.

4) 다음 주 / 가다 / 미술관 / 유명하다 → _____.

3. 〈보기〉와 같이 쓰세요.

보기
가: 선생님, 이번 수학여행은 어디로 갈 거예요?
나: 이번 수학여행 때 <u>갈</u> 곳은 제주도예요. (가다)

1) 가: 그저께 도서관에서 유나 씨랑 같이 _____ 사람은 누구예요? (공부하다)
   나: 제 동생이에요.

2) 가: 에밀리 씨, BTS 알아요? 아주 유명한 한국 가수예요.
   나: 그럼요. 요즘 제가 매일 _____ 노래가 BTS의 노래예요. (듣다)

3) 가: 서울에 가면 _____ 사람이 있어요? (만나다)
   나: 네, 서울에 고향 친구가 있어요. 거기에 가서 그 친구를 만날 거예요.

4) 가: 무슨 일 있어요?
   나: 네, 지난주에 _____ 여권이 없어요. (만들다)

4. 〈보기〉와 같이 맞는 것을 고르세요.

보기 제가 매일 아침에 (탄 / <u>타는</u> / 탈) 버스에는 사람이 많아요.

1) 지난주에 돈을 (바꾼 / 바꾸는 / 바꿀) 은행은 하나은행이에요.

2) 제가 부산에 여행 갈 때마다 (예약한 / 예약하는 / 예약할) 호텔은 싸고 깨끗해요.

3) 이번 방학에는 가족과 함께 국내 여행을 (한 / 하는 / 할) 생각이에요.

4) 이 시계는 작년 제 생일에 여자 친구한테서 (받은 / 받는 / 받을) 선물이에요.

5) 이따가 (만든 / 만드는 / 만들) 음식은 제가 (좋아한 / 좋아하는 / 좋아할) 잡채예요.

문법 2

grammar

V-기 전에

1.〈보기〉와 같이 쓰세요.

보기: 밥을 먹기 전에 손을 씻어요.

1) _____.

2) _____.

3) _____.

2. 〈보기〉와 같이 쓰세요.

보기
가: 한국에 오기 전에 뭐 했어요?
나: 저는 한국에 오기 전에 회사에서 일했어요.

1) 가: 어제 자기 전에 뭐 했어요?
   나: _____.

2) 가: 여행하기 전에 뭐 해요?
   나: _____.

3) 가: 오늘 저녁을 먹기 전에 뭐 할 거예요?
   나: _____.

4) 가: 고향에 돌아가기 전에 뭐 하고 싶어요?
   나: _____.

불 light   나가다 to get out

문법 3

grammar

V-(으)ㄴ 후에

1. 〈보기〉와 같이 쓰세요.

보기: 손을 씻은 후에 밥을 먹어요.

1) _____.

2) _____.

3) _____.

2. 〈보기〉와 같이 쓰세요.

보기:
가: 어제 수업이 끝난 후에 뭐 했어요?
나: 수업이 끝난 후에 친구를 만났어요.

1) 가: 점심을 먹은 후에 뭐 해요?
   나: _____.

2) 가: 고향에 돌아간 후에 뭐 하고 싶어요?
   나: _____.

3) 가: 언제 숙제해요?
   나: _____.

4) 가: 언제 도서관에 가요?
   나: _____.

활동 1 잘 듣고 다음 대화를 완성하세요. 🔊 track 24

페르난도	이번 방학 때 뭐 할 거예요?
티엔	친구하고 같이 _____ 제주도 일주를 할 거예요.
페르난도	제주도 일주요? 재미있겠네요. 그런데 스쿠터 있어요?
티엔	스쿠터는 빌릴 거예요.
페르난도	그럼 잠은 어디에서 잘 거예요?
티엔	친구가 소개해 준 게스트하우스에서 _____.
페르난도	_____ 준비할 것이 많아요?
티엔	아니요, 생각보다 많지 않아요.
페르난도	부럽네요. 여행 _____ 사진 꼭 보여 주세요.

활동 2 다음을 들으면서 따라 쓰세요. 🔊 track 25

1. 한라산에 같이 갈 사람이 없어요.
2. 저는 한국어를 공부하는 학생이에요.
3. 이건 문화체험 때 찍은 사진이에요.
4. 밥을 먹기 전에 손을 씻어요.
5. 학교를 졸업한 후에 뭐 할 거예요?

활동³ 그림을 보고 쓰세요.   activity

티엔 씨는 이번 방학에 스쿠터로 제주도 일주를 할 겁니다.

13

은행

통장을 만들려고 하는데요.

어휘

1. 〈보기〉와 같이 연결하세요.

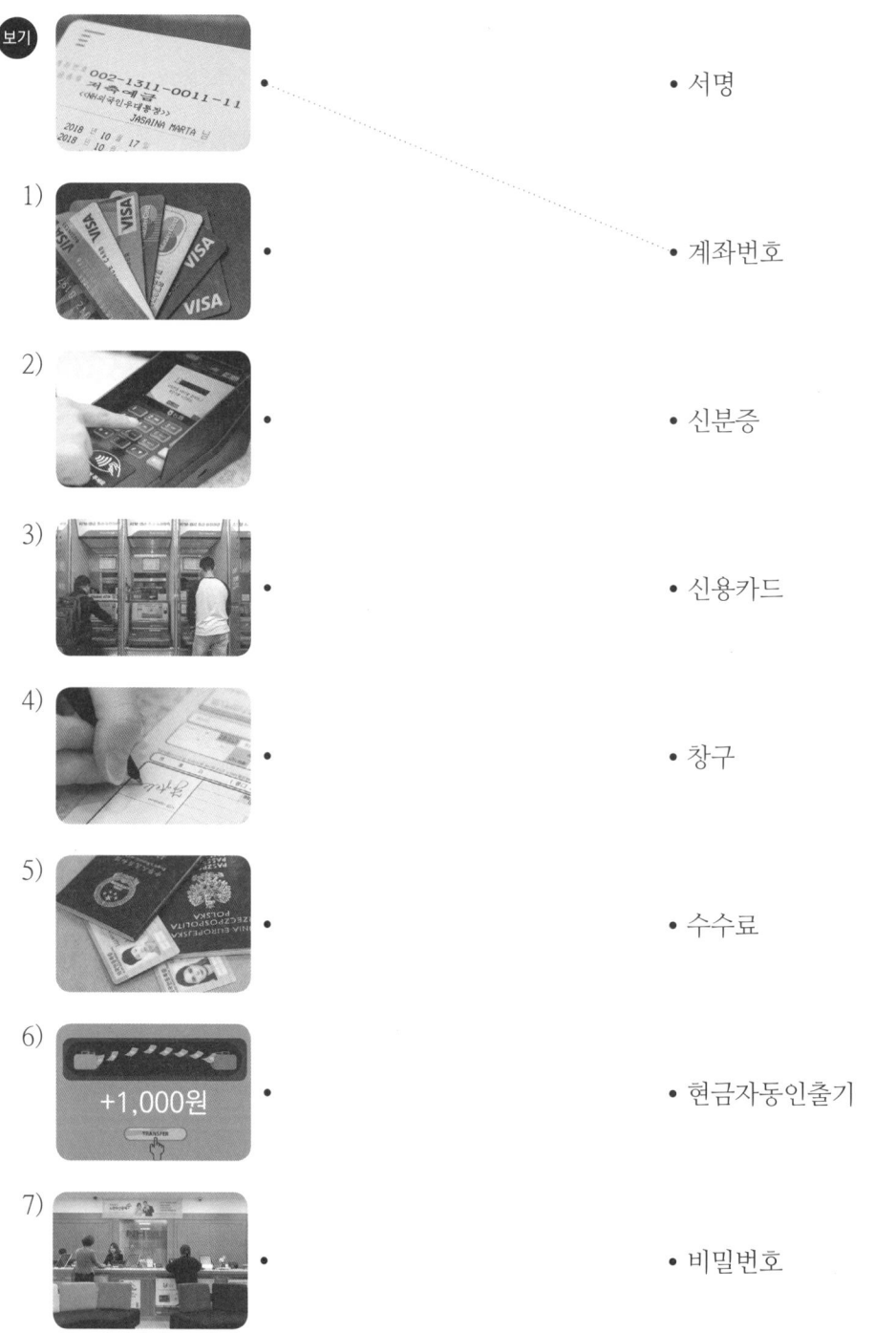

vocabulary

2. 〈보기〉와 같이 연결하세요.

보기 현금자동인출기에서 돈을 찾습니다.   •   • 입금합니다.

1) 통장에 돈을 넣습니다.   •   • 출금합니다.

2) 은행에 가지 않고 집에서 친구에게
   돈을 보냅니다.   •   • 인터넷 뱅킹을 합니다.

3) 유로를 원으로 바꿉니다.   •   • 환전합니다.

4) 이름 옆에 사인을 합니다.   •   • 서명합니다.

2. 다음에서 맞는 것을 골라 쓰세요.

은행   보내다   송금하다   신분증   신청서   수수료   은행 직원

저는 오늘 (   )에 가서 부모님께 돈을 (   )으려고/려고 합니다. (   )ㄹ/을 때는 (   )와/과 (수수료)이/가 필요합니다. 먼저 송금 (   )을/를 작성한 후에 창구에 가서 신청서와 통장을 (   )에게 주면 돈을 보낼 수 있습니다.

☞ 에게 to   유로 EURO   사인 signature

13 은행   131

문법 1

V-(으)려고

1. 〈보기〉와 같이 쓰세요.

> 보기: 부모님께 돈을 보내다 → 부모님께 돈을 보내려고 합니다.

1) 수업이 끝난 후에 도서관에 가다 → _____ .
2) 주말에 여자 친구 선물을 사다 → _____ .
3) 학생 식당에서 점심을 먹다 → _____ .
4) 헤드폰으로 음악을 듣다 → _____ .

2. 〈보기〉와 같이 쓰세요.

> 보기:
> 가: 방학에 뭐 할 거예요?
> 나: 방학에 부산에 다녀오려고 해요. (부산에 다녀오다)

1) 가: 언제 고향에 돌아갈 거예요?
   나: _____ . (7월 31일에 고향에 돌아가다)

2) 가: 어디에서 살 거예요?
   나: _____ . (기숙사에서 살다)

3) 가: 어디에서 책을 읽을 거예요?
   나: _____ . (커피숍에서 책을 읽다)

4) 가: 뭘 살 거예요?
   나: _____ . (예쁜 가방을 사다)

5) 가: 어떻게 비행기표를 예약하려고 해요?
   나: _____ . (컴퓨터로 비행기표를 예약하다)

grammar

3. 〈보기〉와 같이 쓰세요.

> 보기 여행을 가다 / 비행기표를 사다 → 여행을 가려고 비행기표를 삽니다.

1) 말하기 연습을 하다 / 한국 친구를 만나다 → _____.
2) 친구가 한국어를 배우다 / 한국에 오다 → _____.
3) 점심을 먹다 / 학생 식당에 가다 → _____.
4) 돈을 찾다 / 은행에 가다 → _____.
5) 학교에 늦지 않다 / 일찍 자다 → _____.

4. 맞으면 'O', 틀리면 '×' 하세요.

1) 음악을 들으려고 헤드폰을 씁시다. ( )
2) 대학교에 가려고 공부를 하세요. ( )
3) 친구를 만나려고 커피숍에서 친구를 기다려요. ( )
4) 어제는 저녁을 먹지 않으려고 일찍 잤어요. ( )
5) 불고기를 만들려고 소고기를 삽니다. ( )
6) 은주 씨가 예쁘려고 화장을 해요. ( )
7) 책을 빌리려고 도서관에 갑니다. ( )
8) 비가 오려고 우산을 샀습니다. ( )

문법 2

A-(으)ㄴ데요, V-는데요, N인데요

1. 〈보기〉와 같이 쓰세요.

> **보기** 이 펜이 더 좋다 → 이 펜이 더 좋은데요.

1) 지금 배가 좀 아프다 → _____.

2) 오늘은 날씨가 춥다 → _____.

3) 이 영화가 아주 재미있다 → _____.

2. 〈보기〉와 같이 쓰세요.

> **보기** 나는 지금 커피숍에서 커피를 마시다 → 저는 커피숍에서 커피를 마시는데요.

1) 나는 운동화를 자주 신다 → _____.

2) 티엔은 요즘 아침을 안 먹다 → _____.

3) 아리온토야는 수영을 할 줄 알다 → _____.

3. 〈보기〉와 같이 쓰세요.

> **보기** 고유나는 한국 사람이다 → 고유나는 한국 사람인데요.

1) 이것은 페르난도의 가족사진이다 → _____.

2) 나는 20살이다 → _____.

3) 모자를 쓴 사람이 페르난도이다. → _____.

문법 3

V-아서/어서

1. 〈보기〉와 같이 쓰세요.

보기: 친구를 만나다 / 영화를 보다 → 친구를 만나서 영화를 봐요.

1) 은행에 가다 / 통장을 만들다 → _____.
2) 아침에 일어나다 / 이를 닦다 → _____.
3) 샌드위치를 사다 / 점심에 먹다 → _____.
4) 한국에 오다 / 한국어를 배우다 → _____.

2. 〈보기〉와 같이 쓰세요.

보기:
가: 주말에 뭐 했어요?
나: 마트에 가서 양말을 샀어요.

1) 가: 여자 친구 생일에 무엇을 선물해 주고 싶어요?
   나: _____.

2) 가: 여기에서 중앙로까지 어떻게 가요?
   나: _____.

3) 가: 어디에서 점심을 먹을까요?
   나: _____.

4) 가: 진향 씨가 전화를 안 받는데요.
   나: 그럼, _____.

활동 1 잘 듣고 다음 대화를 완성하세요. 🔊 track 26

에밀리	_____ 왔는데요.
청원 경찰	먼저 _____ 번호표를 뽑으십시오.
	(잠시 후)
은행 직원	어떻게 오셨습니까?
에밀리	통장을 _____.
은행 직원	여권과 외국인등록증을 가지고 오셨습니까?
에밀리	네, 여기 있어요.
은행 직원	그럼 신청서에 이름과 주소를 써 주십시오.
에밀리	네, 알겠습니다.
	(잠시 후)
은행 직원	사용하실 통장 비밀번호를 두 번 _____.
에밀리	네. 아, 그리고 현금카드도 _____.
은행 직원	네, 만들어 드리겠습니다. 잠시만 기다려 주십시오.

활동 2 다음을 들으면서 따라 쓰세요. 🔊 track 27

1. 도서관에 가려고 합니다.

2. 한국어를 배우려고 한국에 왔어요.

3. 박 선생님은 사무실에 안 계시는데요.

4. 저 가방이 이 가방보다 더 좋은데요.

5. 은행에 가서 환전을 해요.

활동 3 그림을 보고 쓰세요.

activity

에밀리 씨는 오늘 통장을 만들려고 은행에 갔습니다.

14

병원

이가 너무 아파요.

어휘

1. <보기>와 같이 맞는 단어를 쓰세요.

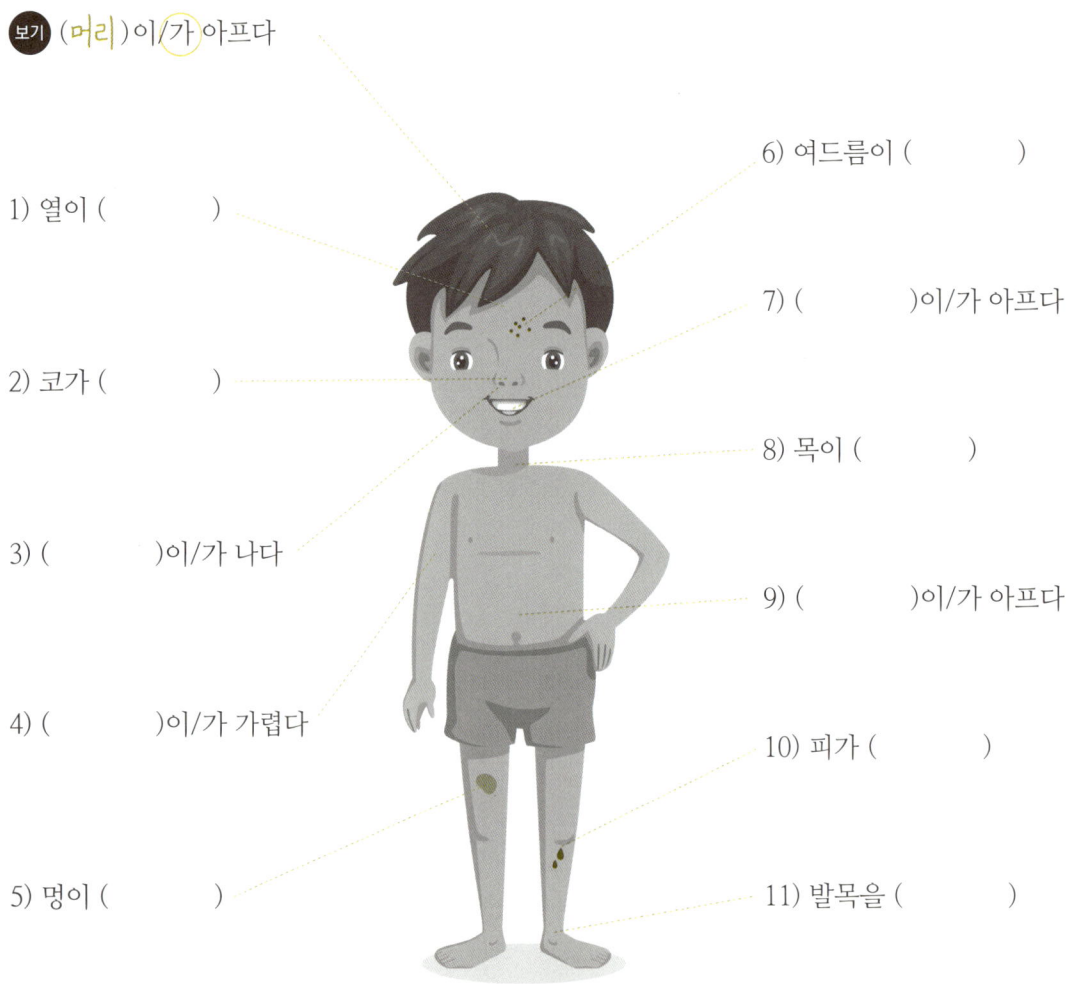

보기 (머리)이/가 아프다

1) 열이 (   )
2) 코가 (   )
3) (   )이/가 나다
4) (   )이/가 가렵다
5) 멍이 (   )

6) 여드름이 (   )
7) (   )이/가 아프다
8) 목이 (   )
9) (   )이/가 아프다
10) 피가 (   )
11) 발목을 (   )

2. <보기>와 같이 연결하세요.

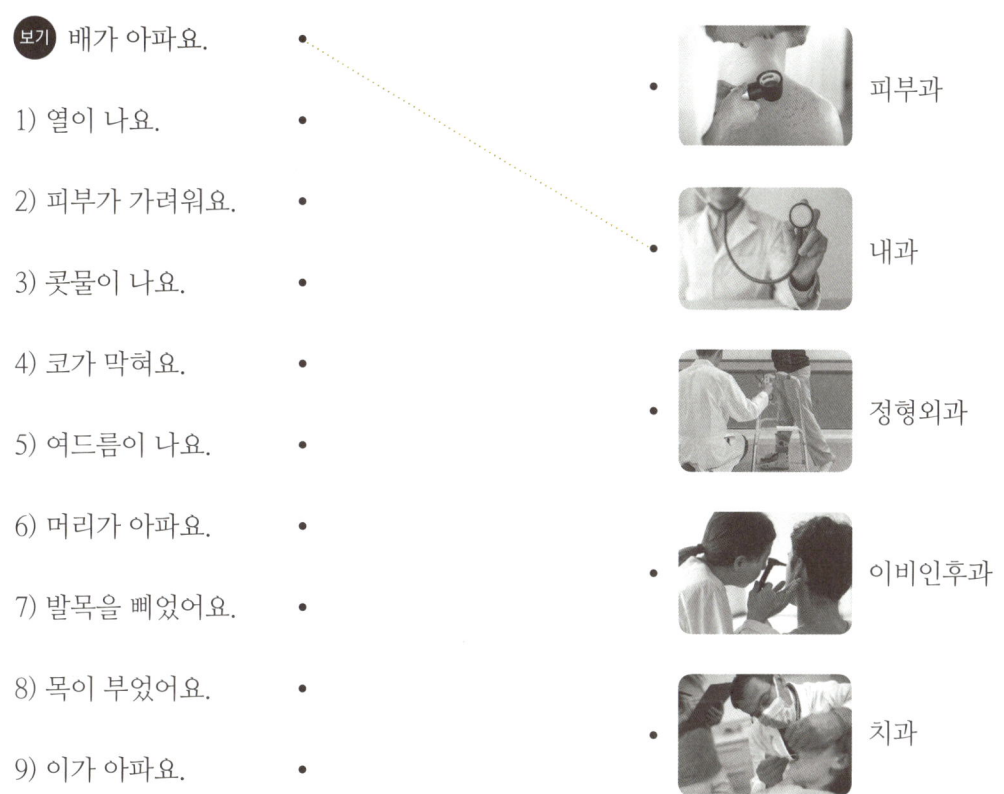

보기 배가 아파요.

1) 열이 나요.
2) 피부가 가려워요.
3) 콧물이 나요.
4) 코가 막혀요.
5) 여드름이 나요.
6) 머리가 아파요.
7) 발목을 삐었어요.
8) 목이 부었어요.
9) 이가 아파요.

3. 다음에서 맞는 것을 골라 쓰세요.

약국   주사   진찰   처방전   이비인후과   접수

1) 콧물이 나서 _____ 에 갑니다.
2) 먼저 _____ 을/를 합니다.
3) 의사 선생님을 만나서 _____ 을/를 받습니다.
4) _____ 을/를 맞습니다.
5) _____ 을/를 받습니다.
6) _____ 에 가서 약을 삽니다.

문법 1

V-(으)ㄹ 수 있다[없다]

1. 〈보기〉와 같이 쓰세요.

> **보기** 제주대학교에서 한라산을 보다 → 제주대학교에서 한라산을 볼 수 있어요.
> 제주대학교에서 한라산을 볼 수 없어요.

1) 이번 주말에 만나다 → _____.

2) 매운 음식을 먹다 → _____.

3) 이 카드로 문을 열다 → _____.

4) 현금자동인출기에서 돈을 찾다 → _____.

2. 〈보기〉와 같이 쓰세요.

> **보기**
> 가: 피아노를 칠 수 있어요?
> 나: 네, 피아노를 칠 수 있어요.

1) 韓國
가: _____?
나: 아니요, _____.

2) 가: _____?
나: 네, _____.

3) 가: _____?
나: _____.

4) 안녕하세요
가: _____?
나: _____.

문법 2

V-아/어 보다

1. 〈보기〉와 같이 쓰세요.

가: 배가 너무 아파요.
나: 병원에 가 보세요.

1)
가: 잠이 안 와요.
나: _____.

2)
가: 이 옷이 정말 예쁘네요.
나: _____.

3)
가: 요즘 누구 노래가 좋아요?
나: BTS 노래가 정말 좋아요. _____.

2. 〈보기〉와 같이 쓰세요.

가: 제주도에 가 봤어요?
나: 아니요, 안 가 봤어요.

1)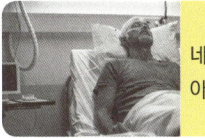
가: _____?
나: _____.

2)
가: _____?
나: _____.

3)
가: _____?
나: _____.

문법³

접속부사

1. 다음에서 맞는 것을 골라 쓰세요.

> 그리고   그래서   그런데   그러면   그렇지만

1) 영어로 말할 수 있어요. <u>그렇지만</u> 영어를 쓸 수 없어요.
2) 지난 주말에 친구와 같이 쇼핑을 했어요. _____ 영화도 봤어요.
3) 이쪽으로 똑바로 가세요. _____ 우체국이 있어요.
4) 어제 열이 많이 났어요. _____ 학교에 가지 않았어요.
5) 시험공부를 열심히 했어요. _____ 성적이 좋지 않아요.

2. 〈보기〉와 같이 연결하고 쓰세요.

〈보기〉 내일 친구가 한국에 와서 공항에 갈 거예요.	• 그렇지만	
1) 수영을 배웠는데 수영을 잘 못해요.	• 그리고	
2) 밖에 비가 오니까 우산을 가지고 가세요.	• 그래서	내일 친구가 한국에 와요. 그래서 공항에 갈 거예요.
3) 남자 친구는 운동을 좋아하지만 저는 운동을 싫어해요.	• 그러면	
4) 여동생은 한국어를 잘하고 영어도 잘해요.	• 그러니까	
5) 지금 출발하면 버스를 탈 수 있어요.	• 그런데	

문법 4

A/V-아야/어야 하다

1. <보기>와 같이 쓰세요.

   > **보기** 가: 바다에서 수영하고 싶어요.
   > 나: <u>바닷물이 따뜻해야 해요.</u> (바닷물이 따뜻하다)

   1) 가: 통장을 만들고 싶어요.
      나: _____. (신분증이 있다)

   2) 가: 좋은 차를 사고 싶어요.
      나: _____. (돈이 많다)

   3) 가: 올레길을 걷고 싶어요.
      나: _____. (신발이 편하다)

   4) 가: 자전거로 제주도 일주를 하고 싶어요.
      나: _____. (날씨가 좋다)

   5) 가: 친구와 같이 살고 싶어요.
      나: _____. (방이 넓다)

2. <보기>와 같이 쓰세요.

   | 약을 먹다   은행에서 돈을 찾다   열심히 공부하다 |
   | 우산을 쓰다   비행기표를 예매하다   일찍 일어나다 |

   > **보기** 열이 나서 <u>약을 먹어야 해요.</u>

   1) 오전에 수업이 있어서 _____.

   2) 방학에 고향에 돌아가서 _____.

   3) 다음 주에 시험이 있어서 _____.

   4) 지갑에 돈이 없어서 _____.

   5) 밖에 비가 와서 _____.

활동 1 잘 듣고 다음 대화를 완성하세요. track 28

왕밍밍	점심시간인데 왜 교실에 있어요? _____?
아리온토야	네, 이가 너무 아파요. 그래서 밥을 _____.
왕밍밍	치과에 다녀왔어요?
아리온토야	아니요, 수업이 끝난 후에 가려고 해요.
왕밍밍	_____ 학교에서 가까운 아라치과에 _____.
아리온토야	치과 치료는 무서운데…….
왕밍밍	이가 아플 때는 _____. 그래야 빨리 _____.
아리온토야	네, 고마워요.

활동 2 다음을 들으면서 따라 쓰세요. track 29

1. 다리를 다쳐서 걸을 수 없어요.

2. 드라마로 한국어를 공부해 보세요.

3. 머리가 아파요. 그리고 콧물도 나요.

4. 월요일까지 숙제를 내야 해요.

5. 혼자 여행을 해 봤어요.

활동 3 그림을 보고 쓰세요.

activity

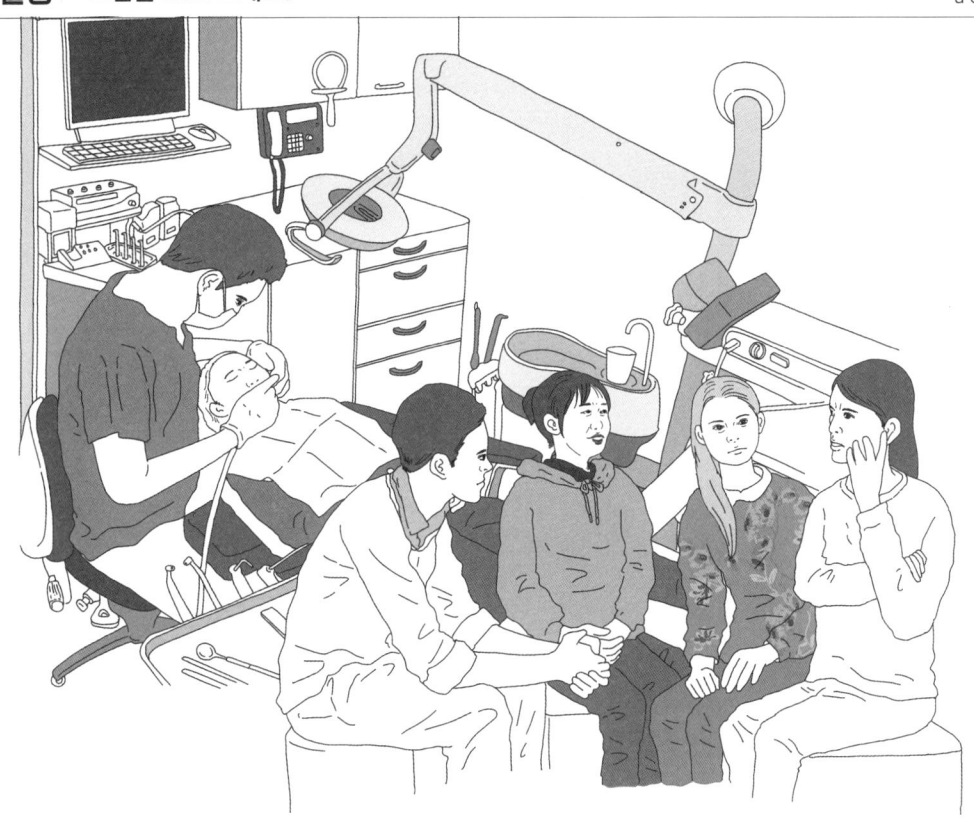

지금은 점심시간입니다.

15

정보

모바일 신분증은 어떻게 만들어요?

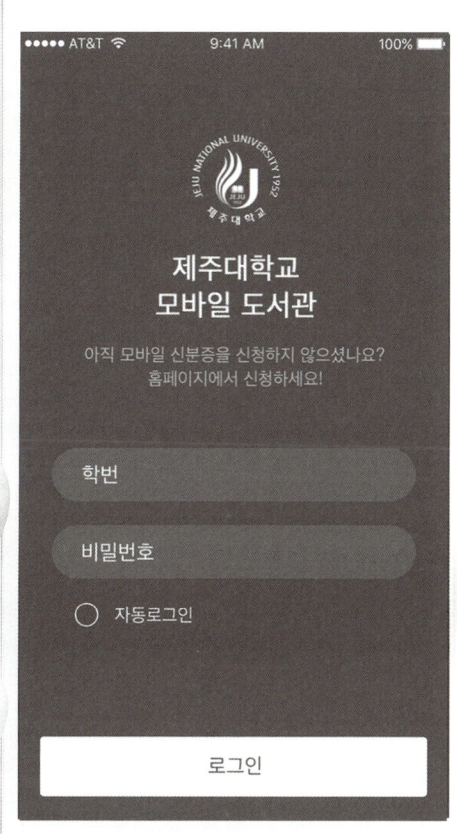

도서관 앱을 다운로드하면 돼요.

어휘

1. <보기>와 같이 쓰세요.

  디지털 도서관을 이용하려면
<u>모바일 신분증</u>이/가 있어야 합니다.

1)  먼저 도서관 앱을 _____.

2)  앱을 다운로드한 후 _____을/를 입력합니다.

3)  도서관 앱에 _____.

4)  모바일 신분증의 QR 코드를 _____.
그러면 도서관에 들어갈 수 있습니다.

5)  도서관에는 컴퓨터가 있습니다.
그 컴퓨터로 책을 _____.

6)  자료실에서 읽고 싶은 책을 _____.

7)  도서 대출대에서 책을 _____.

8)  책을 다 읽으면 도서관에 가서 책을 _____.

2. <보기>와 같이 연결하세요.

<보기> 여기에는 책이 많습니다.   •

1) 여기에서 책을 읽습니다.   •

열람실

2) 여기에서 책을 직접 찾습니다.   •

3) 여기에서 전화 통화를 할 수 있습니다.   •

자료실

4) 여기에서 친구와 이야기합니다.   •

5) 여기에서 공부를 합니다.   •

휴게실

6) 여기에서 쉴 수 있습니다.   •

7) 여기에서 영화를 볼 수 있습니다.   •

멀티미디어실

8) 여기에서 음악을 들을 수 있습니다.   •

9) 여기에는 책상과 의자가 많습니다.   •

문법 1

V-고 있다

1. 〈보기〉와 같이 쓰세요.

   보기 티엔/한국어/배우다 → 티엔 씨가 한국어를 배우고 있어요.

   1) 은주/노래/듣다 → _____ .
   2) 토마스/점심/먹다 → _____ .
   3) 동생/방/청소하다 → _____ .
   4) 찬영/운전하다 → _____ .
   5) 비/내리다 → _____ .

2. 다음 그림을 보고 〈보기〉와 같이 쓰세요.

보기 알리한 씨는 지금 뭐하고 있어요? → 도서관 앱을 다운로드하고 있어요.

1) 이즈미 씨는 지금 뭐하고 있어요? → _____ .
2) 티엔 씨는 지금 뭐하고 있어요? → _____ .
3) 찬영 씨는 공부하고 있어요? → 네, _____ .
4) 에밀리 씨는 복사하고 있어요? → 아니요, _____ .

문법 2
A-군요, V-는군요

1. 〈보기〉와 같이 쓰세요.

〈보기〉 "눈이 오고 있어요." → "눈이 오고 있군요."

1) "떡볶이가 정말 매워요." "_____."

2) "이즈미 씨는 노래를 잘 불러요." "_____."

3) "한나 씨는 한국말을 잘해요." "_____."

4) "마사코 씨는 한국 사람이 아니에요." "_____."

한국 사람× 일본 사람○

2. 〈보기〉와 같이 맞는 것을 고르세요.

〈보기〉 제인 씨가 열심히 (공부하군요 / <u>공부하는군요</u>).

1) 이 영화가 정말 (재미있군요 / 재미있는군요).
2) 이즈미 씨는 영화 보는 것을 (좋아하군요 / 좋아하는군요).
3) 티엔 씨는 고향에 계신 부모님께 자주 전화를 (걸군요 / 거는군요).
4) 학교에서 시청까지 (멀지 않군요 / 멀지 않는군요).
5) 내가 교실에 있는 동안 비가 (내렸군요 / 내렸는군요).
6) 저 분이 1급 A반 (선생님이군요 / 선생님군요).
7) 티엔 씨는 어제 잠을 못 자서 아주 (피곤하겠군요 / 피곤하겠는군요).

문법 3

V-(으)면 되다

1. 〈보기〉와 같이 쓰세요.

   보기 신청서에 이름을 쓰다 → 신청서에 이름을 쓰면 돼요.

   1) 기숙사에 가서 쉬다 → _____.
   2) 병원에 가서 치료를 받다 → _____.
   3) 은행에 가서 통장을 만들다 → _____.
   4) 운동장에서 30분 걷다 → _____.
   5) 여기에 뜨거운 물을 붓다 → _____.

2. 〈보기〉와 같이 쓰세요.

   보기 가: 아라 영화관에 어떻게 가요?
   나: 여기에서 500번 버스를 타면 돼요. (여기에서 500번 버스를 타다)

   1) 가: 내일 몇 시까지 와야 해요?
      나: _____. (8시 50분까지 오다)

   2) 가: 이 문은 어떻게 열어요?
      나: _____. (저 버튼을 누르다)

   3) 가: 책은 언제까지 반납하면 돼요?
      나: _____. (월요일까지 반납하다)

   4) 가: 이거 언제 먹어요?
      나: _____. (지금 먹다)

문법 4

V-(으)려면

1. 〈보기〉와 같이 쓰세요.

   보기 서울에서 제주도에 가다 / 비행기를 타다
   → 서울에서 제주도에 가려면 비행기를 타야 해요.

   1) 수업 시간에 늦지 않다 / 뛰다 → _____.
   2) 소포를 보내다 / 6시까지 우체국에 가다 → _____.
   3) 해외여행을 가다 / 여권을 만들다 → _____.
   4) 빵을 만들다 / 소금과 설탕을 사다 → _____.

2. 〈보기〉와 같이 쓰세요.

   보기  가: 제주대학교에 가고 싶어요.
   나: 제주대학교에 가려면 여기서 365번 버스를 타세요.

   1)  가: 한국말을 잘하고 싶어요.
   나: _____.

   2)  가: 박 선생님을 만나고 싶어요.
   나: _____.

   3)  가: 과일을 사고 싶어요.
   나: _____.

   4) 가: 도서관 안에서 영화를 보고 싶어요.
   나: _____.

활동 1 잘 듣고 다음 대화를 완성하세요. track 30

알리한	방금 디지털 도서관에 갔는데 들어갈 수 없었어요.
이즈미	도서관에 _____ 모바일 신분증이 있어야 해요.
알리한	모바일 신분증이요?
이즈미	네, 모바일 신분증이 있어야 책도 빌릴 수 있고 열람실도 이용할 수 있어요.
알리한	_____. 그럼 그건 어떻게 만들어요?
이즈미	앱 스토어에서 도서관 앱을 _____.
	(잠시 후)
알리한	지금 _____.
이즈미	다운로드한 후에 학번과 비밀번호를 입력해서 _____ 해 보세요.

활동 2 다음을 들으면서 따라 쓰세요. track 31

1. 제주대학교에서 공부하고 있어요.

2. 학생들이 운동장에서 농구하고 있군요.

3. 책은 금요일까지 반납하면 돼요.

4. 늦지 않으려면 지금 출발해야 해요.

5. 도서관 앱을 다운로드하면 돼요.

활동 3 그림을 보고 쓰세요.

activity

알리한은 오늘 디지털 도서관에서 책을 빌렸습니다.

듣기 지문

〈1과〉

활동1

`track 02` p.16

알리한	안녕하세요? 저는 알리한입니다.
기욤	안녕하세요? 알리한 씨. 저는 기욤입니다.
알리한	만나서 반갑습니다. 기욤 씨.
기욤	저도 만나서 반갑습니다.
알리한	기욤 씨는 어느 나라 사람입니까?
기욤	저는 프랑스 사람입니다. 알리한 씨는 어느 나라 사람입니까?
알리한	저는 카자흐스탄에서 왔습니다. 기욤 씨 직업은 무엇입니까?
기욤	저는 학생입니다. 알리한 씨 직업은 무엇입니까?
알리한	저도 학생입니다.

〈2과〉

활동1

`track 04` p.26

왕밍밍	이건 티엔 씨의 가족사진이에요?
티엔	네, 제 가족사진이에요.
왕밍밍	이 사람은 티엔 씨의 여동생이에요?
티엔	아니요, 여동생이 아니에요. 제 아내예요.
왕밍밍	이 아이는 티엔 씨의 아이예요?
티엔	네, 제 아들이에요.

〈3과〉

활동1

`track 06` p.36

왕밍밍	한국어 교실은 어디에 있어요?
에밀리	아라뮤즈홀과 외국어교육원에 있어요.
왕밍밍	외국어교육원은 어디에 있어요?
에밀리	아라뮤즈홀 옆에 있어요.
왕밍밍	한국어 교실은 어때요?
에밀리	넓고 깨끗해요.
왕밍밍	한국어 수업은 어때요?
에밀리	어렵지만 재미있어요.

〈4과〉

활동1

`track 08` p.46

페르난도	티엔 씨, 어디에 가요?
티엔	학생회관에 가요.
페르난도	저도 거기에 가요. 서점에서 한국어 책을 사요.
티엔	학생회관에 서점이 있어요?
페르난도	네, 2층에 있어요. 티엔 씨는 뭐 하러 가요?
티엔	저는 학생식당에 점심 먹으러 가요.
페르난도	그럼 같이 가요.

〈5과〉

활동1

`track 10` `p.56`

김찬영 시험이 몇 월 며칠이에요?
이즈미 6월 27일이에요.
김찬영 무슨 요일이에요?
이즈미 수요일이에요.
김찬영 그럼 방학이 언제예요?
이즈미 이번 주 금요일부터 다음 주 화요일까지예요.
김찬영 방학에 뭐 할 거예요?
이즈미 집에서 쉴 거예요.
김찬영 다음 주 토요일에 케이팝(K-pop) 콘서트가 있어요. 같이 보러 가요.
이즈미 좋아요.

〈6과〉

활동1

`track 12` `p.66`

페르난도 에밀리 씨, 어디 가세요?
에밀리   도서관에 가요. 다음 주부터 시험이에요. 페르난도 씨는 시험 공부 좀 했어요?
페르난도 아니요, 아직 안 했어요.
에밀리   그럼 페르난도 씨도 도서관에 같이 갈래요?
페르난도 미안해요. 지금은 친구하고 약속이 있어요. 이따가 갈게요. 그런데 도서관은 몇 시까지 열어요?
에밀리   밤 12시까지 열어요.
페르난도 그럼 저녁에 도서관에서 봐요.
에밀리   좋아요.

〈7과〉

활동1

`track 14` `p.76`

김찬영 뭐 먹을까요?
이즈미 저는 한국 식당이 처음이에요. 뭐가 맛있어요?
김찬영 여긴 떡볶이가 맛있어요. 그런데 좀 매워요.
이즈미 저는 매운 음식을 못 먹어요. 안 매운 음식은 없어요?
김찬영 물냉면은 어때요? 물냉면은 안 매워요.
이즈미 그럼 저는 물냉면을 먹을게요.
김찬영 좋아요. 저는 떡볶이를 먹고 싶어요. 여기요! 떡볶이 일 인분하고 물냉면 하나 주세요.
이즈미 배가 고파요. 빨리 먹고 싶어요.
김찬영 우리 김밥도 먹을까요?
이즈미 네, 좋아요.
김찬영 여기요! 김밥도 하나 주세요.

〈8과〉

활동1

`track 16` `p.86`

왕밍밍 찬영 씨, 어디에서 교내순환버스를 타요?
김찬영 정문 앞에 정류장이 있어요. 저쪽으로 가세요.
왕밍밍 기숙사까지 얼마나 걸려요?
김찬영 5분쯤 걸려요.
왕밍밍 그럼 여기에서 기숙사까지 걸어서 얼마나 걸려요?
김찬영 멀지 않아요. 15분쯤 걸려요. 가까우니까 걸어서 가세요.
왕밍밍 오늘은 너무 피곤해서 걷고 싶지 않아요.
김찬영 어, 저기 버스가 와요.

〈9과〉

track 18　p.96

점원	주문하시겠습니까?
고유나	아메리카노 한 잔하고 레몬차 한 잔 주세요.
점원	두 잔 다 따뜻한 걸로 드릴까요?
고유나	아메리카노는 차가운 걸로 주시고요, 레몬차는 따뜻한 걸로 주세요.
점원	8,000원입니다.
고유나	아, 치즈케이크도 한 조각 주세요.
점원	그러면 12,000원입니다.
고유나	여기요, 계산해 주세요.
점원	영수증 드릴까요?
고유나	아니요, 괜찮습니다.

〈10과〉

track 20　p.106

토마스	안드레이 씨는 시간이 있을 때 뭐 해요?
안드레이	저는 휴대폰으로 웹툰이나 영화를 봐요.
토마스	웹툰 보는 걸 좋아해요?
안드레이	네, 시간 있을 때마다 자주 봐요. 토마스 씨는 시간 있을 때 뭐 해요?
토마스	저는 스쿠버다이빙을 해요.
안드레이	스쿠버다이빙을 할 줄 알아요?
토마스	네, 어렸을 때 배웠어요.
안드레이	누구에게 배웠어요?
토마스	아버지한테서 배웠어요.

〈11과〉

track 22　p.116

토마스	오늘은 날씨가 참 좋아요.
고유나	네, 이번 주는 지난주보다 따뜻하네요. 벚꽃이 활짝 피었어요.
토마스	아, 그래요? 벌써 벚꽃이 피었어요?
고유나	제주대학교 입구에 피었는데 아주 예뻐요.
토마스	저도 보러 가고 싶어요.
고유나	그럼 수업이 끝나면 같이 벚꽃 사진 찍으러 갈래요?
토마스	좋아요. 저는 수업이 1시에 끝나는데 유나 씨는 수업이 몇 시에 끝나요?
고유나	4시에 끝나니까 4시 30분에 제주대학교 정문에서 만나요.
토마스	네, 좋아요.

〈12과〉

track 24　p.126

페르난도	이번 방학 때 뭐 할 거예요?
티엔	친구하고 같이 스쿠터로 제주도 일주를 할 거예요.
페르난도	제주도 일주요? 재미있겠네요. 그런데 스쿠터 있어요?
티엔	스쿠터는 빌릴 거예요.
페르난도	그럼 잠은 어디에서 잘 거예요?
티엔	친구가 소개해 준 게스트하우스에서 잘 생각이에요.
페르난도	출발하기 전에 준비할 것이 많아요?
티엔	아니요, 생각보다 많지 않아요.
페르난도	부럽네요. 여행 다녀온 후에 찍은 사진 꼭 보여 주세요.

〈13과〉

 활동1

track 26　p.136

에밀리	통장을 만들려고 왔는데요.
청원 경찰	먼저 저기에 가서 번호표를 뽑으십시오.
	(잠시 후)
은행 직원	어떻게 오셨습니까?
에밀리	통장을 만들려고 하는데요.
은행 직원	여권과 외국인등록증을 가지고 오셨습니까?
에밀리	네, 여기 있어요.
은행 직원	그럼 신청서에 이름과 주소를 써 주십시오.
에밀리	네, 알겠습니다.
	(잠시 후)
은행 직원	사용하실 통장 비밀번호를 두 번 눌러 주십시오.
에밀리	네. 아, 그리고 현금카드도 만들고 싶은데요.
은행 직원	네, 만들어 드리겠습니다. 잠시만 기다려 주십시오.

〈14과〉

 활동1

track 28　p.146

왕밍밍	점심시간인데 왜 교실에 있어요? 어디 아파요?
아리온토야	네, 이가 너무 아파요. 그래서 밥을 먹을 수 없어요.
왕밍밍	치과에 다녀왔어요?
아리온토야	아니요, 수업이 끝난 후에 가려고 해요.
왕밍밍	그러면 학교에서 가까운 아라치과에 가 보세요.
아리온토야	치과 치료는 무서운데…….
왕밍밍	이가 아플 때는 치료를 받아야 해요. 그래야 빨리 나아요.
아리온토야	네, 고마워요.

〈15과〉

 활동1

track 30　p.156

알리한	방금 디지털 도서관에 갔는데 들어갈 수 없었어요.
이즈미	도서관에 들어가려면 모바일 신분증이 있어야 해요.
알리한	모바일 신분증이요?
이즈미	네, 모바일 신분증이 있어야 책도 빌릴 수 있고 열람실도 이용할 수 있어요.
알리한	그렇군요. 그럼 그건 어떻게 만들어요?
이즈미	앱 스토어에서 도서관 앱을 다운로드하면 돼요.
	(잠시 후)
알리한	지금 다운로드하고 있어요.
이즈미	다운로드한 후에 학번과 비밀번호를 입력해서 로그인을 해 보세요.

모범 답안

<1과>

p.10

1. 1) 농부 2) 경찰 3)의사 4) 기자 5) 모델 6) 선생님 7) 간호사
   8) 회사원 9) 소방관 10) 승무원 11) 요리사

2.
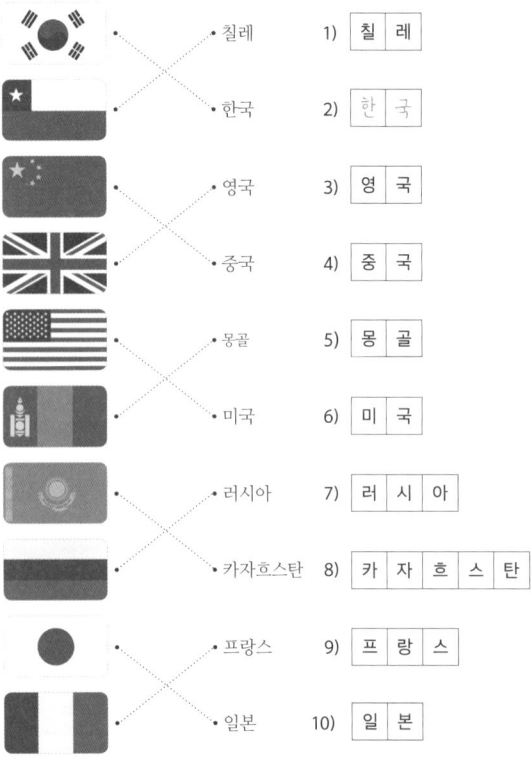

문법1 p.12

1. 1) 에밀리는 캐나다 사람입니다.   2) 기욤은 프랑스 사람입니다.
   3) 아리온토야는 몽골 사람입니다. 4) 왕밍밍은 중국 사람입니다.

2. 1) 김소희는 승무원입니다.   2) 저스틴은 가수입니다.
   3) 로이는 소방관입니다.   4) 유영석 씨는 회사원입니다.

p.13

1. 1) 가: 티엔은 베트남 사람입니까?
      나: 네, 티엔은 베트남 사람입니다.
   2) 가: 김고은은 한국 사람입니까?
      나: 네, 김고은은 한국 사람입니다.
   3) 가: 페르난도는 칠레 사람입니까?
      나: 네, 페르난도는 칠레 사람입니다.
   4) 가: 유키 씨는 일본 사람입니까?
      나: 네, 유키 씨는 일본 사람입니다.
   5) 가: 토마스 씨는 독일 사람입니까?
      나: 네, 토마스 씨는 독일 사람입니다.

2. 1) 가: 리차드는 의사입니까?
      나: 아니요, 리차드는 미용사입니다.
   2) 가: 제인은 모델입니까?
      나: 아니요, 제인은 가수입니다.
   3) 가: 김대한은 기자입니까?
      나: 아니요, 김대한은 경찰입니다.
   4) 가: 마사코 씨는 주부입니까?
      나: 아니요, 마사코 씨는 학생입니다.
   5) 가: 자르갈 씨는 선생님입니까?
      나: 아니요, 자르갈 씨는 승무원입니다.

문법3 p.15

1. 1) 아리온토야는 몽골 사람입니다. 어요카도 몽골 사람입니다.
   2) 케빈은 영국 사람입니다. 콜린도 영국 사람입니다.
   3) 알베르토는 이탈리아 사람입니다. 이바나도 이탈리아 사람입니다.
   4) 마리사는 필리핀 사람입니다. 조쉬아도 필리핀 사람입니다.

2. 1) 가: 알리한은 학생입니다. 토마스도 학생입니까?
      나: 네. 토마스도 학생입니다.
   2) 가: 리차드는 헤어 디자이너입니다. 하잉도 헤어 디자이너입니까?
      나: 아니요, 하잉은 간호사입니다.

⟨2과⟩

 p.20

1. 1) 시계 2) 지갑 3) 연필 4) 의자 5) 지우개 6) 가방 7) 안경
   8) 우산 9) 모자 10) 컴퓨터

2. 1) 할아버지 2) 할머니 3) 아빠(아버지) 4) 엄마(어머니)
   5) 언니 6) 오빠 7) 누나 8) 형 9) 여동생 10) 남동생

 p.22

1. 1) 지도예요. 2) 필통이에요.
   3) 칠판이에요. 4) 프로젝터예요.

2. 1) 가: 저스틴은 가수예요? 나: 네, 가수예요.
   2) 가: 진욱은 소방관이에요? 나: 네, 소방관이에요.
   3) 가: 헨리는 의사예요? 나: 네, 의사예요.
   4) 가: 수잔은 선생님이에요? 나: 네, 선생님이에요.

문법2 p.23

1. 1) 저건 지도예요. 2) 그건 컵이에요.

2. 1) 가: 저건 뭐예요? 나: 저건 컴퓨터예요.
   2) 가: 그건 우산이에요? 나: 네, 이건 우산이에요.
   3) 가: 저건 시계예요? 나: 네, 저건 시계예요.

문법3 p.24

1. 1) 형의 가방이에요. 2) 누나의 향수예요.
   3) 여자 친구의 안경이에요. 4) 여동생의 카메라예요.

2. 1) 가: 할아버지의 모자예요? 나: 네, 할아버지의 모자예요.
   2) 가: 언니의 연필이에요? 나: 네, 언니의 연필이에요.
   3) 가: 오빠의 필통이에요? 나: 네, 오빠의 필통이에요.
   4) 가: 아버지의 지갑이에요? 나: 네, 아버지의 지갑이에요.

문법4 p.25

1. 1) 지갑이 아니에요. 2) 카메라가 아니에요.
   3) 형의 시계가 아니에요. 4) 제 가족사진이 아니에요.

2. 1) 가: 지도예요?
   나: 아니요, 지도가 아니에요. 책이에요.
   2) 가: 텔레비전이에요?
   나: 아니요, 텔레비전이 아니에요. 휴대전화예요.
   3) 예 가: 의사예요?
   나: 아니요, 의사가 아니에요. 요리사예요.
   4) 예 가: 일본 사람이에요?
   나: 아니요, 일본 사람이 아니에요. 한국 사람이에요.

⟨3과⟩

 p.30

1. 1) 위 2) 아래 3) 안 4) 밖 5) 앞 6) 뒤 7) 옆

2. 1) 육 2) 이십사 3) 삼십칠 4) 구십구 5) 백 6) 이백일
   7) 삼백삼십팔 8) 구백이십사

3.

좋다	좋습니다	나쁘다	나쁩니다
싸다	쌉니다	비싸다	비쌉니다
넓다	넓습니다	좁다	좁습니다
맛없다	맛없습니다	맛있다	맛있습니다
적다	적습니다	많다	많습니다
높다	높습니다	낮다	낮습니다
빠르다	빠릅니다	느리다	느립니다
편하다	편합니다	불편하다	불편합니다
짧다	짧습니다	길다	깁니다
멀다	멉니다	가깝다	가깝습니다
무겁다	무겁습니다	가볍다	가볍습니다
없다	없습니다	있다	있습니다
크다	큽니다	작다	작습니다
어렵다	어렵습니다	쉽다	쉽습니다
재미있다	재미있습니다	재미없다	재미없습니다
더럽다	더럽습니다	깨끗하다	깨끗합니다

 p.32

1. 1) 커피숍이 4층에 있어요. 2) 휴대폰이 가방에 있어요.
   3) 친구가 도서관에 있어요. 4) 제주대학교가 제주도에 있어요.

2. 1) 가: 우산이 어디에 있어요?
   나: 우산이 의자 아래에 있어요.
   2) 가: 물컵이 어디에 있어요?
   나: 물컵이 책상 위에 있어요.
   3) 가: 카메라가 어디에 있어요?
   나: 카메라가 가방 옆에 있어요.
   4) 가: 지우개가 어디에 있어요?
   나: 지우개가 필통 안에 있어요.

 p.33

1. 1) 한국어 책하고 필통이에요.
   2) 지우개하고 지갑이에요.
   3) 강아지하고 고양이예요.
   4) 토마스 씨하고 안드레이 씨예요.

2. 1) 가방 안에 한국어 책하고 지갑이 있어요.
   2) 의자 아래에 우산하고 슬리퍼가 있어요.
   3) 냉장고에 우유하고 주스가 있어요.
   4) 교실에 선생님하고 학생이 있어요.

 p.34

1. 1) 가방이 싸고 편합니다.
   2) 학생 식당이 넓고 깨끗합니다.
   3) 저는 운동하고 친구는 숙제합니다.

2. 1) 가: 치마가 어떻습니까?
      나: 치마가 길고 예쁩니다.
   2) 가: 교실이 어떻습니까?
      나: 교실이 넓고 깨끗합니다.
   3) 가: 여자아이가 어떻습니까?
      나: 여자아이가 예쁘고 귀엽습니다.
   4) 가: 휴대폰이 어떻습니까?
      나: 휴대폰이 가볍고 좋습니다.

 p.35

1. 1) 식당은 가깝지만 편의점은 멉니다.
   2) 운동화는 편하지만 구두는 불편합니다.
   3) 언니의 머리는 길지만 여동생의 머리는 짧습니다.

2. 1) 가: 떡볶이가 어때요?   나: 떡볶이가 맵지만 맛있어요.
   2) 가: 방이 어때요?   나: 방이 좁지만 깨끗해요.
   3) 가: 반지가 어때요?   나: 반지가 예쁘지만 비싸요.
   4) 가: 노트북이 어때요?   나: 노트북이 무겁지만 좋아요.

〈4과〉

 p.40

1. 1) 가다 2) 오다 3) 읽다 4) 쓰다 5) 마시다 6) 보다 7) 자다
   8) 듣다 9) 운동하다

2. 1) 은행 2) 공항 3) 시장 4) 서점 5) 공원 6) 교실 7) 화장실
   8) 기숙사 9) 도서관 10) 커피숍 11) 운동장 12) 학생회관
   13) 학생식당 14) 버스정류장

 p.42

1.

싸다	싸요	없다	없어요
작다	작아요	넓다	넓어요
많다	많아요	멀다	멀어요
높다	높아요	크다	커요
좁다	좁아요	예쁘다	예뻐요
친절하다	친절해요	있다	있어요
사다	사요	배우다	배워요
만나다	만나요	쓰다	써요
앉다	앉아요	만들다	만들어요
찾다	찾아요	읽다	읽어요
오다	와요	마시다	마셔요
보다	봐요	기다리다	기다려요
공부하다	공부해요	★묻다	물어요
숙제하다	숙제해요	★듣다	들어요

2. 1) 유나 씨는 전화해요.   2) 이 가방은 커요.
   3) 토마스 씨는 운동해요.   4) 저 옷은 싸요.

 p.43

1. 1) 저는 한국어를 배워요.   2) 밍밍 씨는 가방을 사요.
   3) 찬영 씨는 책을 읽어요.   4) 티엔 씨는 버스를 타요.

2. 1) 알리한 씨는 숙제를 해요.
   2) 기욤 씨는 불고기를 만들어요.
   3) 토마스 씨는 친구를 만나요.
   4) 저는 음악을 들어요.
   5) 우리는 선생님을 기다려요.

 p.44

1. 1) 커피숍에서 커피를 마셔요.   2) 공항에서 비행기를 타요.
   3) 공원에서 친구를 만나요.   4) 은행에서 돈을 찾아요.

2. 1) 가: 어디에서 점심을 먹어요?
      나: 학생 식당에서 점심을 먹어요.
   2) 가: 어디에서 책을 사요?
      나: 서점에서 책을 사요.
   3) 가: 어디에서 일해요?
      나: 편의점에서 일해요.

문법4 p.45

1. 1) 밥을 먹으러 가요.   2) 영화를 보러 가요.
   3) 한국어를 공부하러 가요.   4) 통장을 만들러 가요.

2. 1) 가: 도서관에 뭐 하러 가요?
   나: 책을 빌리러 가요.

   2) 가: 편의점에 뭐 하러 가요?
   나: 우유를 사러 가요.

   3) 가: 운동장에 뭐 하러 가요?
   나: 농구를 하러 가요.

   4) 가: 시장에 뭐 하러 가요?
   나: 사과와 바나나를 사러 가요.

〈5과〉

 p.50

1. 1) 유월 이십구 일입니다.   2) 팔월 삼십 일입니다.
   3) 시월 십육 일입니다.   4) 십이월 십이 일입니다.

2. 1) 평일(주중) 2) 화요일 3) 목요일 4) 금요일 5) 그제(그저께)
   6) 어제(어저께) 7) 내일 8) 모레 9) 지난주 10) 다음 주

3. 1) 한글날 2) 생일 3) 밸런타인데이 4) 크리스마스

 p.52

1. 1) 가: 옷 가게 할인은 언제예요?
   나: 옷 가게 할인은 10월 1일부터 10월 10일까지예요.

   2) 가: 설날 연휴는 언제예요?
   나: 설날 연휴는 금요일부터 일요일까지예요.

   3) 가: 한국의 겨울은 언제예요?
   나: 한국의 겨울은 12월부터 2월까지예요.

   4) 가: D 마트는 몇 층부터 몇 층까지예요?
   나: D 마트는 1층부터 10층까지예요.

   5) 가: 5과는 몇 쪽부터 몇 쪽까지예요?
   나: 5과는 108쪽부터 110쪽까지예요.

 p.53

1. 1) 가: 언제 한국어 말하기 대회가 있어요?
   나: 10월 9일 화요일에 한국어 말하기 대회가 있어요.

   2) 가: 언제 서점에 가요?
   나: 10월 17일 수요일에 서점에 가요.

   3) 가: 언제 운동을 해요?
   나: 매주 일요일에 운동을 해요.

   4) 가: 10월 25일에 무엇을 해요?
   나: 10월 25일에 중간시험을 봐요.

   5) 가: 10월 31일에 뭐 해요?
   나: 10월 31일에 케이팝(K-pop) 콘서트에 가요.

 p.54

1.

싸다	쌀 거예요	재미없다	재미없을 거예요
작다	작을 거예요	넓다	넓을 거예요
많다	많을 거예요	크다	클 거예요
좋다	좋을 거예요	예쁘다	예쁠 거예요
좁다	좁을 거예요	있다	있을 거예요
친절하다	친절할 거예요	★길다	길 거예요
깨끗하다	깨끗할 거예요	★멀다	멀 거예요
가다	갈 거예요	배우다	배울 거예요
만나다	만날 거예요	쓰다	쓸 거예요
앉다	앉을 거예요	만들다	만들 거예요
찾다	찾을 거예요	읽다	읽을 거예요
오다	올 거예요	마시다	마실 거예요
보다	볼 거예요	기다리다	기다릴 거예요
운동하다	운동할 거예요	★걷다	걸을 거예요
일하다	일할 거예요	★듣다	들을 거예요
★놀다	놀 거예요	★만들다	만들 거예요
의사이다	의사일 거예요	학생이다	학생일 거예요

2. 1) 다음 주에 시청에서 여권 사진을 찍을 거예요.
   2) 금요일에 친구 집에서 떡볶이를 만들 거예요.
   3) 저녁에 공원에서 산책을 할 거예요.
   4) 주말에 집에서 쉴 거예요.
   5) 내년에 고향에 갈 거예요.

3. 1) 가: 내일 뭐 할 거예요?
   나: 남자 친구(여자 친구)를 만날 거예요.

   2) 가: 생일에 뭐 할 거예요?
   나: 파티를 할 거예요.

   3) 가: 이번 주 금요일에 뭐 할 거예요?
   나: 도서관에서 공부할 거예요.

4. 1) 가: 휴대폰이 없어요. 어디에 있을까요?
   나: 휴대폰은 집에 있을 거예요.

   2) 가: 티엔 씨는 주말에 뭐 할까요?
   나: 티엔 씨는 주말에 축구를 할 거예요.

   3) 가: 내일 학교에 사람이 많을까요?
   나: 아니요, 내일 학교에 사람이 없을 거예요.

<6과>

어휘 p.60

1.

1	2	3	4	5	6	7
하나	둘	셋	넷	다섯	여섯	일곱
8	9	10	11	12	13	14
여덟	아홉	열	열하나	열둘	열셋	열넷
20	30	40	50	60	70	80
스물	서른	마흔	쉰	예순	일흔	여든
90	99	100	101	102	117	598
아흔	아흔아홉	백	백일	백이	백삼	오백구십팔
1,000	4,500	10,000	50,000	100,000	840,000	1,000,000
천	사천오백	만	오만	십만	팔십사만	백만

2. 1) 열두 시 오십 분입니다.
   2) 다섯 시 삼십 분입니다.
   3) 오후 일곱 시 사십삼 분입니다.
   4) 열한 시 이십오 분입니다.
   5) 여덟 시 오 분입니다.

3.

보기: 청소하다 — 청소해요.
1) 세수하다 — 세수해요.
2) 친구를 만나다 — 친구를 만나요.
3) 산책하다 — 산책해요.
4) 커피를 마시다 — 커피를 마셔요.
5) 잠을 자다 — 잠을 자요.
6) 텔레비전을 보다 — 텔레비전을 봐요.
7) 컴퓨터를 하다 — 컴퓨터를 해요.
8) 전화하다 — 전화해요.

문법1 p.62

1.

싸다	쌌어요	없다	없었어요
많다	많았어요	넓다	넓었어요
작다	작았어요	바쁘다	바빴어요
낮다	낮았어요	예쁘다	예뻤어요
높다	높았어요	크다	컸어요
좋다	좋았어요	느리다	느렸어요
좁다	좁았어요	재미있다	재미있었어요
친절하다	친절했어요	길다	길었어요
가다	갔어요	먹다	먹었어요
사다	샀어요	열다	열었어요
타다	탔어요	배우다	배웠어요
만나다	만났어요	쉬다	쉬었어요
일어나다	일어났어요	쓰다	썼어요
닦다	닦았어요	만들다	만들었어요
앉다	앉았어요	읽다	읽었어요
찾다	찾았어요	마시다	마셨어요
보다	봤어요	기다리다	기다렸어요
오다	왔어요	빌리다	빌렸어요
게임하다	게임했어요	★묻다	물었어요
요리하다	요리했어요	★듣다	들었어요
샤워하다	샤워했어요	★걷다	걸었어요

2. 1) 가: 주말에 뭐 했어요? 나: 강아지와 산책을 했어요.
   2) 가: 지난주에 뭐 했어요? 나: 친구들을 만났어요.
   3) 가: 토요일에 뭐 했어요? 나: 게임을 했어요.

3. 1) (1) 지난주에 요리를 했어요.
      (2) 이번 주에 요리를 해요.
      (3) 다음 주에 요리를 할 거예요.
   2) (1) 작년에 여행을 했어요.
      (2) 올해에 여행을 해요.
      (3) 내년에 여행을 할 거예요.

문법2 p.63

1. 1) 티엔 씨는 매일 요리 안 해요.
      티엔 씨는 매일 요리하지 않아요.
   2) 내일 바다에 안 갈 거예요.
      내일 바다에 가지 않을 거예요.
   3) 어제 영화를 안 봤어요.
      어제 영화를 보지 않았어요.
   4) 주말에 시장에 사람이 안 많았어요.
      주말에 시장에 사람이 많지 않았어요.

2. 1) 가: 커피를 마셔요?
      나: 아니요, 커피를 마시지 않아요. 차를 마셔요.
   2) 가: 밥을 먹었어요?
      나: 아니요, 밥을 먹지 않았어요. 빵을 먹었어요.
   3) 가: 서울에 갈 거예요?
      나: 아니요, 서울에 가지 않을 거예요. 부산에 갈 거예요.

3. 1) 가: 신발이 편해요?
      나: 아니요, 신발이 안 편해요. 신발이 불편해요.
   2) 가: 기숙사가 멀어요?
      나: 아니요, 기숙사가 안 멀어요. 기숙사가 가까워요.
   3) 가: 학생회관에 사람이 많아요?
      나: 아니요, 학생회관에 사람이 안 많아요. 사람이 적어요.
   4) 가: 이번 시험이 어려웠어요?
      나: 아니요, 이번 시험이 안 어려웠어요. 시험이 쉬웠어요.

4. 1) X, O 2) X, O 3) O, X 4) X, O 5) X, O

〈7과〉

 p.70

1. 1) 비빔밥 2) 삼계탕 3) 떡볶이 4) 김밥 5) 갈비탕 6) 잡채
   7) 비빔냉면 8) 된장찌개

2. 1) 고추-맵다 2) 꿀-달다 3) 레몬-시다 4) 약-쓰다

3. 1) 떡볶이가 매워요. / 떡볶이가 맵습니다.
   2) 케이크가 달아요. / 케이크가 답니다.
   3) 식초가 시어요. / 식초가 십니다.
   4) 커피가 써요. / 커피가 씁니다.

 p.72

1.

만나다	만날까요?	먹다	먹을까요?
보다	볼까요?	쓰다	쓸까요?
앉다	앉을까요?	마시다	마실까요?
운동하다	운동할까요?	읽다	읽을까요?
★놀다	놀까요?	★걷다	걸을까요?

2. 1) 가: 우리 한국 노래를 들을까요?
      나: 네, 한국 노래를 들어요.
   2) 가: 우리 순두부찌개를 만들까요?
      나: 좋아요, 순두부찌개를 만들어요.
   3) 가: 우리 한 시에 만날까요?
      나: 좋아요. 한 시에 만납시다.

3. 1) 가: 우리 어디에 갈까요?
      나: 신제주에 가요.
   2) 가: 우리 몇 시에 만날까요?
      나: 두 시에 만납시다.
   3) 가: 우리 무엇을 먹을까요?
      나: 떡볶이를 먹어요.

 p.73

1. 1) 한국 신문을 못 읽어요. / 한국 신문을 읽지 못해요.
   2) 동생이 요리(를) 못해요. / 동생이 요리하지 못해요.
   3) 내일 바다에 못 갈 거예요. / 내일 바다에 가지 못할 거예요.
   4) 어제 영화를 못 봤어요. / 어제 영화를 보지 못했어요.

2. 1) 가: 운전해요?
      나: 아니요, 운전하지 못해요. / 운전(을) 못해요.
   2) 가: 친구를 만날 거예요?
      나: 아니요, 친구를 만나지 못할 거예요. / 친구를 못 만날 거예요.
   3) 가: 숙제했어요?
      나: 아니요, 숙제하지 못했어요. / 숙제(를) 못했어요.

3. 1) 오늘 저는 안 바빠요.
   2) 커피를 많이 마셨어요. 그래서 잠을 못 잤어요.
   3) 오늘은 일요일이에요. 은행 문을 안 열어요.
   4) 새벽 5시까지 게임을 했어요. 아침에 못 일어났어요.

 p.74

1.

가다	갈게요	쓰다	쓸게요
자다	잘게요	기다리다	기다릴게요
일어나다	일어날게요	입다	입을게요
닦다	닦을게요	★만들다	만들게요
전화하다	전화할게요	★듣다	들을게요

2. 1) 가: 몇 시에 전화할 거예요?
      나: 네 시에 전화할게요.
   2) 가: 언제 이메일을 보낼 거예요?
      나: 내일(수요일에) 보낼게요.
   3) 가: 제가 점심을 살게요.
      나: 그럼 제가 커피를 살게요.
   4) 가: 제가 요리할게요.
      나: 그럼 제가 청소할게요.

문법4 p.75

1. 1) 쉬고 싶어요. 2) 수영하고 싶어요.
   3) 음악을 듣고 싶어요. 4) 김밥을 만들고 싶어요.

2. 1) 예 가: 시장에서 뭐 사고 싶어요?
         나: 과일하고 생선을 사고 싶어요.
   2) 예 가: 주말에 뭐 하고 싶어요?
         나: 친구하고 영화를 보러 가고 싶어요.
   3) 예 가: 생일에 뭐 받고 싶어요?
         나: 모자를 받고 싶어요.
   4) 예 가: 방학에 어디에 가고 싶어요?
         나: 서울과 부산에 가고 싶어요.

<8과>

어휘 p.80

1.

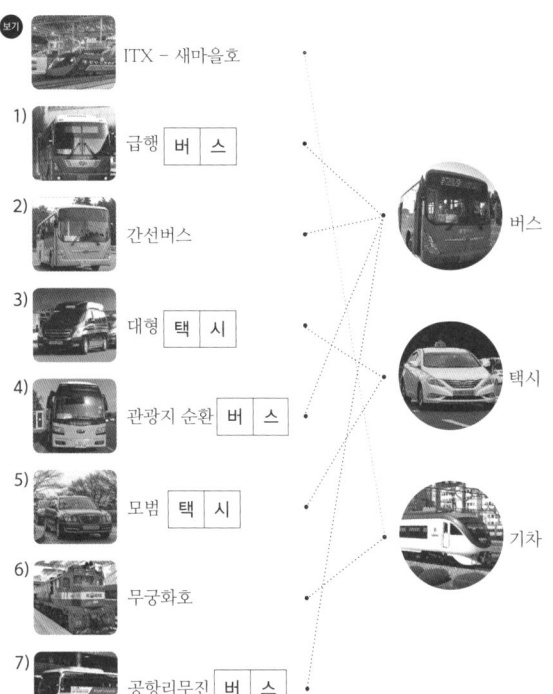

p.81 (계속)

2. 1) 앞쪽 2) 옆쪽 3) 똑바로 4) 쭉 5) 왼쪽 6) 오른쪽 7) 맞은편
   8) 건너편 9) 이즈미의 옆쪽에 있어요. 10) 똑바로(쭉) 가세요.
   11) 이즈미의 왼쪽에 있어요.
   12) 이즈미의 맞은편(건너편)에 있어요.

문법1 p.82

1. 1) 집에서 학교까지 멀지 않아요.
   2) 1층에서 5층까지 엘리베이터를 타요.
   3) 시청에서 중앙로까지 어떻게 가요?
   4) 여기에서 버스 정류장까지 얼마나 걸려요?

2. 1) 가: 한국에서 베트남까지 비행기로 얼마나 걸려요?
      나: 3시간 30분 걸려요.
   2) 가: 중앙로에서 학교까지 버스로 얼마나 걸려요?
      나: 40분 걸려요.
   3) 가: 부산에서 후쿠오카까지 배로 얼마나 걸려요?
      나: 3시간 걸려요.
   4) 가: 서울에서 경주까지 기차로 얼마나 걸려요?
      나: 5시간 30분 걸려요.
   5) 가: 집에서 편의점까지 걸어서 얼마나 걸려요?
      나: 5분 걸려요.

문법2 p.83

1.

가다	가세요	가지 마세요	읽다	읽으세요	읽지 마세요
닦다	닦으세요	닦지 마세요	말하다	말하세요	말하지 마세요
앉다	앉으세요	앉지 마세요	★듣다	들으세요	듣지 마세요
쓰다	쓰세요	쓰지 마세요	★열다	여세요	열지 마세요

2. 1) 89쪽을 읽으세요.
   2) 8시 50분까지 오세요.
   3) 365번 버스를 타세요.

3. 1) 도서관에서 음식을 먹지 마세요.
   2) 여기에 앉지 마세요.
   3) 창문을 열지 마세요.

문법3 p.84

1.

싸다	싸니까	맛없다	맛없으니까
좋다	좋으니까	★멀다	머니까
깨끗하다	깨끗하니까	★덥다	더우니까
가다	가니까	입다	입으니까
찾다	찾으니까	★열다	여니까
운전하다	운전하니까	★듣다	들으니까
가수이다	가수니까	학생이다	학생이니까

2. 1) 수업이 오후 2시에 끝나니까 2시 30분에 만나요.
   2) 교실이 더우니까 창문을 열까요?
   3) 비가 오니까 우산을 쓰세요.
   4) 딸기는 어제 샀으니까 오늘은 바나나를 사요.

3. 1) 숙제가 많으니까 내일 만나요.
   2) 택시가 비싸니까 버스를 타요.
   3) 날씨가 좋으니까 바다에 가요.
   4) 전화를 했으니까 문자 메시지를 보내요.

문법4 p.85

1.

많다	많아서	느리다	느려서
좁다	좁아서	★크다	커서
피곤하다	피곤해서	★쉽다	쉬워서
닫다	닫아서	배우다	배워서
살다	살아서	쓰다	써서
보다	봐서	입다	입어서
운전하다	운전해서	★듣다	들어서
가수이다	가수여서	학생이다	학생이어서

2. 1) 갈비탕이 싱거워서 소금을 넣어요.
   2) 친구가 한국에 와서 기분이 좋아요.
   3) 오래 걸어서 다리가 아파요.

3. 1) 비행기표가 없어서 못 가요.
   2) 떡볶이가 매워서 못 먹어요.
   3) 주말에 비가 와서 한라산에 못 갔어요.

〈9과〉

어휘 p.90

1. 1) 사과 여섯 개 2) 고양이 한 마리
   3) 피자 네 판 4) 연필 여덟 자루 5) 구두 두 켤레
   6) 장미꽃 열 송이 7) 맥주 다섯 캔 8) 김밥 아홉 줄
   9) 물 열 컵 10) 케이크 일곱 조각 11) 냉면 스무 그릇
   12) 커피 세 잔 13) 딸기 주스 여덟 병 14) 자동차 두 대

2.

	-습니다/ㅂ니다	-아요/어요	-았/었어요	-(으)ㄹ 거예요
차갑다	차갑습니다	차가워요	차가웠어요	차가울 거예요
좋다	좋습니다	좋아요	좋았어요	좋을 거예요
뜨겁다	뜨겁습니다	뜨거워요	뜨거웠어요	뜨거울 거예요
기쁘다	기쁩니다	기뻐요	기뻤어요	기쁠 거예요
나쁘다	나쁩니다	나빠요	나빴어요	나쁠 거예요
슬프다	슬픕니다	슬퍼요	슬펐어요	슬플 거예요
힘들다	힘듭니다	힘들어요	힘들었어요	힘들 거예요
재미있다	재미있습니다	재미있어요	재미있었어요	재미있을 거예요
따뜻하다	따뜻합니다	따뜻해요	따뜻했어요	따뜻할 거예요
시원하다	시원합니다	시원해요	시원했어요	시원할 거예요
피곤하다	피곤합니다	피곤해요	피곤했어요	피곤할 거예요
행복하다	행복합니다	행복해요	행복했어요	행복할 거예요

3. 1) 한국어가 재미있어요.
   2) 스티븐 씨는 행복해요.
   3) 제니 씨는 피곤했어요.
   4) 영화가 슬펐어요.

문법1 p.92

1.

싸다	(싼) 과일	★맵다	(매운) 음식
좋다	(좋은) 친구	★무겁다	(무거운) 가방
좁다	(좁은) 길	★멀다	(먼) 고향
넓다	(넓은) 운동장	★어렵다	(어려운) 숙제
빠르다	(빠른) 비행기	★힘들다	(힘든) 일
예쁘다	(예쁜) 얼굴	★길다	(긴) 치마
편하다	(편한) 신발	★재미있다	(재미있는) 한국어
시원하다	(시원한) 바람	★재미없다	(재미없는) 사람

2. 1) 좋은 친구가 많습니다.
   2) 재미있는 한국어를 배웁니다.
   3) 더운 날씨가 싫습니다.
   4) 매운 음식을 먹고 싶습니다.
   5) 힘든 일이 있어요.
   6) 어려운 숙제를 해요.
   7) 긴 머리를 좋아해요.
   8) 예쁜 집에서 살 거예요.

3. 1) 가: 어떤 의자를 사고 싶어요?
      나: 편한 의자를 사고 싶어요.
   2) 가: 주말에 어디에 갈 거예요?
      나: 중앙로에 갈 거예요. 중앙로에는 예쁜 커피숍이 많아요.
   3) 가: 어떤 바지를 좋아해요?
      나: 저는 짧은 바지를 좋아해요.

4) 가: 어제 저녁에 뭘 먹었어요?
   나: 맛있는 갈비찜을 먹었어요.
5) 가: 주말에 뭐 했어요?
   나: 주말에 친구와 슬픈 드라마를 봤어요.
6) 가: 은주 씨 남자 친구는 어떤 사람이에요?
   나: 재미있고 친절한 사람이에요.

문법2 p.94

1. 1) 선생님, 잘 못 들었어요. 큰 소리로 말해 주세요.
   2) 아빠, 더워요. 아이스크림을 사 주세요.
   3) 여기요, 포도 주스 한 잔 주세요.
   4) 교실이 더우니까 창문을 좀 열어 주세요.

2. 1) 가: 언제 전화할까요?
      나: 오늘 저녁에 전화해 주세요.
   2) 가: 문을 열까요?
      나: 아니요, 문을 닫아 주세요.
   3) 가: 저기요, 사진 좀 찍어 주세요.
      나: 네, 카메라 주세요.
   4) 가: 어디에 이름을 쓸까요?
      나: 여기에 이름을 써 주세요.

문법3 p.95

1. 1) 주말에는 기숙사에서 쉬겠습니다.
   2) 저는 김밥 한 줄을 먹겠습니다.
   3) 내일은 일찍 가겠습니다.
   4) 컴퓨터 게임을 하지 않겠습니다.
   5) 다음 주부터 눈이 오겠습니다.

2. 1) 가: 안드레이 씨, 내일 9시까지 오세요.
      나: 네, 내일 9시까지 오겠습니다.
   2) 가: 금요일에 우리 집에 놀러 오세요.
      나: 네, 금요일에 놀러 가겠습니다.
   3) 가: 다음에는 늦지 마세요.
      나: 네, 다음에는 늦지 않겠습니다.
   4) 가: 무엇을 드시겠습니까?
      나: 따뜻한 커피 한 잔 주세요.

〈10과〉

어휘 p.100

1. 1) ㄱ, d 2) ㄷ, c 3) ㄹ, b 4) ㅂ, g
   5) ㅅ, e 6) ㅁ, f 7) ㅇ, h 8) ㅈ, i

2. 1) 자주 2) 가끔 3) 거의 4) 전혀 5) 일주일에 한 번
   6) 한 달에 한 번 7) 일 년에 한 번

3. 1) 예 저는 언제나 7시 30분에 일어납니다.
      저는 일주일에 한 번 7시 30분에 일어납니다.
   2) 예 저는 도서관에 자주 갑니다.
      저는 도서관에 가끔 갑니다.
   3) 예 저는 부모님과 한 달에 한 번 통화를 합니다.
      저는 부모님과 자주 통화를 합니다.
   4) 예 저는 매운 음식을 싫어해서 김치를 전혀 안 먹습니다.
      저는 매운 음식을 싫어해서 김치를 거의 안 먹습니다.

문법1 p.102

1. 1) 한국말로 이야기하세요.
   2) 연필로 그림을 그려요.
   3) 수건으로 손을 닦아 주세요.
   4) 숟가락과 젓가락으로 밥을 먹습니다.

2. 1) 농구공으로 농구를 해요.   2) 컴퓨터로 숙제를 해요.
   3) 라디오로 음악을 들어요.   4) 카드로 가방을 사요.

문법2 p.103

1. 1) 머리가 아플 때 약을 먹어요.
   2) 날씨가 더울 때 차가운 물을 마셔요.
   3) 뜨거운 음식을 먹을 때 조심해요.
   4) 좋은 음악을 들을 때 행복해요.

2. 1) 예 가: 언제 기분이 좋아요?
      나: 맛있는 음식을 먹을 때 기분이 좋아요.
   2) 예 가: 언제 화가 나요?
      나: 시험 점수가 안 좋을 때 화가 나요.
   3) 예 가: 언제 부모님이 보고 싶어요?
      나: 몸이 아플 때 부모님이 보고 싶어요.
   4) 예 가: 언제 전화할까요?
      나: 시간이 있을 때 전화해 주세요.
   5) 예 가: 라면이 먹고 싶을 때 어떻게 해요?
      나: 라면이 먹고 싶을 때 편의점에 가요.

 p.104

1. 1) 음악을 듣는 것을 좋아해요.
   2) 축구하는 것을 구경해요.
   3) 스키를 타는 것을 배워요.

2. 1) 피아노를 치는 것이 재미있어요.
   2) 수영하는 것이 즐거워요.
   3) 가구를 만드는 것이 힘들어요.

3. 1) 제 취미는 요리를 하는 것이에요.
   2) 동생의 취미는 피규어를 모으는 것이에요.
   3) 오늘의 숙제는 대화를 외우는 것이에요.

문법4 p.105

1. 1) 운전을 할 줄 몰라요.
   2) 한국 노래를 부를 줄 알아요.
   3) 스노보드를 탈 줄 몰라요.
   4) 빵을 만들 줄 알아요.
   5) 하모니카를 불 줄 몰라요.

2. 1) 가: 태권도를 할 줄 알아요?
      나: 네, 태권도를 할 줄 알아요.
   2) 가: 스키를 탈 줄 알아요?
      나: 아니요, 스키를 탈 줄 몰라요.
   3) 가: 기타를 칠 줄 알아요?
      나: 아니요, 기타를 칠 줄 몰라요.
   4) 가: 김밥을 만들 줄 알아요?
      나: 아니요, 김밥을 만들 줄 몰라요.

〈11과〉

 p.110

1. 1) 비가 오니까 우산을 가지고 가세요.
   2) 추워서 옷을 많이 입었어요.
   3) 더워서 창문을 열었어요.
   4) 눈이 내려서 스키를 타러 가요.

2. 1) 기온이 높아요.
   2) 기온이 낮아요.
   3) 예 따뜻해요.
   4) 예 쌀쌀해요
   5) 예 추워요.

3. 1) 봄에는 꽃구경해요. 봄에는 소풍가요. 봄에는 올레길을 걸어요.
   2) 여름에는 물놀이를 해요. 여름에는 캠핑을 해요. 여름에는 윈드서핑을 해요.
   3) 가을에는 단풍 구경을 해요. 가을에는 등산해요. 가을에는 책을 읽어요.
   4) 겨울에는 눈사람을 만들어요. 겨울에는 눈싸움을 해요. 겨울에는 스노보드를 타요.

문법1 p.112

1. 1) 형이 동생보다 커요. 동생이 형보다 작아요.
   2) 사과가 귤보다 많아요. 귤이 사과보다 적어요.
   3) 영어보다 한국어를 잘해요. 한국어보다 영어를 못해요.
   4) 서울이 제주도보다 사람이 많아요. 제주도가 서울보다 사람이 적어요.

2. 1) 예 저는 도서관에서 공부하는 것보다 집에서 공부하는 것을 좋아해요.
   2) 예 저는 비가 내리는 것보다 눈이 내리는 것을 좋아해요.
   3) 예 저는 긴 바지를 입는 것보다 짧은 바지를 입는 것을 좋아해요.
   4) 예 저는 운동화를 신는 것보다 구두를 신는 것을 좋아해요.

문법2 p.113

1. 1) 눈이 내리네요.
   2) 날씨가 춥네요.
   3) 제인 씨가 공부를 하네요.
   4) 이 문제가 어렵네요.
   5) 아이스크림이 맛있네요.

2. 1) 아버지께서 요리하시네요.
   2) 할머니께서 안경을 찾으시네요.
   3) 어머니께서 예쁘시네요.
   4) 선생님께서 친절하시네요.

문법3 p.114

1.

크다	큰데	가다	가는데	가수	가수인데
작다	작은데	먹다	먹는데	친구	친구인데
따뜻하다	따뜻한데	운동하다	운동하는데	학생	학생인데
★춥다	추운데	입다	입는데	책	책인데
★멋있다	멋있는데	걷다	걷는데	선생님	선생님인데
★멀다	먼데	★만들다	만드는데	중국 사람	중국 사람인데

★크다	컸는데	가다	갔는데	가수	가수였는데
작다	작았는데	먹다	먹었는데	친구	친구였는데
따뜻하다	따뜻했는데	운동하다	운동했는데	학생	학생이었는데
★춥다	추웠는데	입다	입었는데	책	책이었는데
멋있다	멋있었는데	★걷다	걸었는데	선생님	선생님이었는데
멀다	멀었는데	만들다	만들었는데	중국 사람	중국 사람이었는데

2. 1) 날씨가 추운데 창문을 닫을까요?
   2) 지난주에 영화를 봤는데 무서웠어요.
   3) 볼펜이 없는데 좀 빌려 주세요.
   4) 운동화를 사고 싶은데 어디에 가면 좋아요?
   5) 이 사람은 제 친구인데 노래를 잘해요.

 p.115

1. 1) 날씨가 좋으면 바다에 놀러 가요.
   2) 수업이 끝나면 친구하고 점심을 먹어요.
   3) 오래 걸으면 다리가 아파요.
   4) 창문을 열면 시원해요.
   5) 너무 피곤하면 집에 가세요.

2. 1) 꽃이 피면 사진을 찍을 거예요.
   2) 버스를 타면 30분 걸려요.
   3) 돈이 있으면 노트북을 살 거예요.
   4) 아프면 병원에 가세요.

〈12과〉

 p.120

1. 1) 해외여행 2) 수학여행 3) 국내 여행
2. 1) 돈을 바꿔요. 2) 호텔을 예약해요. 3) 비행기표를 예매해요.
3. 1) 도착해요. 2) 구경해요. 3) 돌아와요.
4. 1) 강 2) 동굴 3) 폭포 4) 놀이공원 5) 박물관 6) 유적지 7) 미술관
5. 1) 예 산
   2) 예 놀이공원
   3) 예 바다
   4) 예 호수
   5) 예 박물관
   6) 예 축제
   7) 예 미술관
   8) 예 놀이공원

 p.122

1.

구경하다	구경한	구경하는	구경할
받다	받은	받는	받을
주다	준	주는	줄
★걷다	걸은	걷는	걸을
모으다	모은	모으는	모을
★만들다	만든	만드는	만들
사귀다	사귄	사귀는	사귈
씻다	씻은	씻는	씻을
찍다	찍은	찍는	찍을

2. 1) 지난 토요일에 간 놀이공원이 재미있었어요.
   2) 지금 읽는 잡지가 여행 잡지예요.
   3) 내일 볼 영화가 한국 영화예요.
   4) 다음 주에 갈 미술관이 유명해요.

3. 1) 가: 그저께 도서관에서 유나 씨랑 같이 공부한 사람이 누구예요?
      나: 제 동생이에요.
   2) 가: 에밀리 씨, BTS 알아요? 아주 유명한 한국 가수예요.
      나: 그럼요. 요즘 제가 매일 듣는 노래가 BTS의 노래예요.
   3) 가: 서울에 가면 만날 사람이 있어요?
      나: 네, 서울에 고향 친구가 있어요. 거기에 가서 그 친구를 만날 거예요.
   4) 가: 무슨 일 있어요?
      나: 네, 지난주에 만든 여권이 없어요.

4. 1) 지난주에 돈을 바꾼 은행은 한라은행이에요.
   2) 제가 부산에 여행 갈 때마다 예약하는 호텔은 싸고 깨끗해요.
   3) 이번 방학에는 가족과 함께 국내 여행을 할 생각이에요.
   4) 이 시계는 작년 제 생일에 여자 친구한테서 받은 선물이에요.
   5) 이따가 만들 음식은 제가 좋아하는 잡채예요.

 p.124

1. 1) 영화를 보기 전에 영화표를 예매해요.
   2) 청소하기 전에 창문을 열어요.
   3) 교실에서 나가기 전에 불을 꺼요.

2. 1) 가: 어제 자기 전에 뭐 했어요?
      나: 예 어제 자기 전에 숙제했어요.
   2) 가: 여행하기 전에 뭐 해요?
      나: 예 여행하기 전에 여행 일정을 만들어요.
   3) 가: 오늘 저녁을 먹기 전에 뭐 할 거예요?
      나: 예 오늘 저녁을 먹기 전에 시장에 갈 거예요.
   4) 가: 고향에 돌아가기 전에 뭐 하고 싶어요?
      나: 예 고향에 돌아가기 전에 가족들에게 줄 선물을 사고 싶어요.

문법3 p.125

1. 1) 영화표를 예매한 후에 영화를 봐요.
   2) 창문을 연 후에 청소해요.
   3) 불을 끈 후에 교실에서 나가요.

2. 1) 가: 점심을 먹은 후에 뭐 해요?
      나: 예 점심을 먹은 후에 산책해요.
   2) 가: 고향에 돌아간 후에 뭐 하고 싶어요?
      나: 예 고향에 돌아간 후에 고향 친구들을 만나고 싶어요.
   3) 가: 언제 숙제해요?
      나: 예 저녁을 먹은 후에 숙제해요.
   4) 가: 언제 도서관에 가요?
      나: 예 수업이 끝난 후에 도서관에 가요.

〈13과〉

어휘 p.130

1. 1) 신용카드 2) 비밀번호 3) 현금자동인출기 4) 서명 5) 신분증
   6) 수수료 7) 창구

2. 1) 입금합니다. 2) 인터넷 뱅킹을 합니다.
   3) 환전합니다. 4) 서명합니다.

3. 저는 오늘 은행에 가서 부모님께 돈을 보내려고 합니다. 송금할 때는 신분증과 수수료가 필요합니다. 먼저 송금 신청서를 작성한 후에 창구에 가서 신청서와 통장을 은행직원에게 주면 돈을 보낼 수 있습니다.

문법1 p.132

1. 1) 수업이 끝난 후에 도서관에 가려고 합니다.
   2) 주말에 여자 친구 선물을 사려고 합니다.
   3) 학생 식당에서 점심을 먹으려고 합니다.
   4) 헤드폰으로 음악을 들으려고 합니다.

2. 1) 가: 언제 고향에 돌아갈 거예요?
      나: 7월 31일에 고향에 돌아가려고 해요.
   2) 가: 어디에서 살 거예요?
      나: 기숙사에서 살려고 해요.
   3) 가: 어디에서 책을 읽을 거예요?
      나: 커피숍에서 책을 읽으려고 해요.
   4) 가: 뭘 살 거예요?
      나: 예쁜 가방을 사려고 해요.
   5) 가: 어떻게 비행기표를 예약하려고 해요?
      나: 컴퓨터로 비행기표를 예매하려고 해요.

3. 1) 말하기 연습을 하려고 한국 친구를 만납니다.
   2) 친구가 한국어를 배우려고 한국에 옵니다.
   3) 점심을 먹으려고 학생 식당에 갑니다.
   4) 돈을 찾으려고 은행에 갑니다.
   5) 학교에 늦지 않으려고 일찍 잡니다.

4. 1) X 2) X 3) O 4) O 5) O 6) X 7) O 8) X

문법2 p.134

1. 1) 지금은 배가 좀 아픈데요.
   2) 오늘은 날씨가 추운데요.
   3) 이 영화가 아주 재미있는데요.

2. 1) 저는 운동화를 자주 신는데요.
   2) 리엔은 요즘 아침을 안 먹는데요.
   3) 아리온토야는 수영을 할 줄 아는데요.

3. 1) 이것은 페르난도의 가족사진인데요.
   2) 저는 20살인데요.
   3) 모자를 쓴 사람이 페르난도인데요.

문법3 p.135

1. 1) 은행에 가서 통장을 만들어요.
   2) 아침에 일어나서 이를 닦아요.
   3) 샌드위치를 사서 점심에 먹어요.
   4) 한국에 와서 한국어를 배워요.

2. 1) 가: 여자 친구 생일에 무엇을 선물해 주고 싶어요?
      나: 케이크를 만들어서 주고 싶어요.
   2) 가: 여기에서 중앙로까지 어떻게 가요?
      나: 길을 건너서 365번 버스를 타요.
   3) 가: 어디에서 저녁을 먹을까요?
      나: 학생 식당에 가서 점심을 먹어요.
   4) 가: 진향 씨가 전화를 안 받는데요.
      나: 그럼, 메시지를 써서 보내세요.

〈14과〉

어휘 p.140

1. 1) 열이 나다 2) 코가 막히다 3) 콧물이 나다 4) 피부가 가렵다
   5) 멍이 들다 6) 여드름이 나다 7) 이가 아프다 8) 목이 붓다
   9) 배가 아프다 10) 피가 나다 11) 발목을 삐다

2. 1) 내과 2) 피부과 3) 이비인후과 4) 이비인후과
   5) 피부과 6) 내과 7) 정형외과 8) 이비인후과 9) 치과

3. 1) 콧물이 나서 이비인후과에 갑니다.
   2) 먼저 접수를 합니다.
   3) 의사 선생님을 만나서 진찰을 받습니다.
   4) 주사를 맞습니다.
   5) 처방전을 받습니다.
   6) 약국에 가서 약을 삽니다.

문법1 p.142

1. 1) 이번 주말에 만날 수 있어요.
      이번 주말에 만날 수 없어요.
   2) 매운 음식을 먹을 수 있어요.
      매운 음식을 먹을 수 없어요.
   3) 이 카드로 문을 열 수 있어요.
      이 카드로 문을 열 수 없어요.
   4) 현금자동인출기에서 돈을 찾을 수 있어요.
      현금자동인출기에서 돈을 찾을 수 없어요.

2. 1) 가: 이것을 읽을 수 있어요?
      나: 아니요, 그것을 읽을 수 없어요.
   2) 가: 운전할 수 있어요?
      나: 네, 운전할 수 있어요.
   3) 가: 김밥을 만들 수 있어요?
      나: 네, 김밥을 만들 수 있어요./아니요, 김밥을 만들 수 없어요.
   4) 가: 한국어를 할 수 있어요?
      나: 네, 한국어를 할 수 있어요./아니요, 한국어를 할 수 없어요.

문법2 p.143

1. 1) 우유를 마셔 보세요.
   2) 한번 입어 보세요.
   3) 한번 들어 보세요.

2. 1) 가: 병원에 입원해 봤어요?
      나: 네, 입원해 봤어요./아니요, 입원 안 해 봤어요.
   2) 가: 맥주를 마셔 봤어요?
      나: 네, 마셔 봤어요./아니요, 안 마셔 봤어요.
   3) 가: 구두를 신어 봤어요?
      나: 네, 신어 봤어요./아니요, 안 신어 봤어요.

문법3 p.144

1. 2) 지난 주말에 친구와 같이 쇼핑을 했어요. 그리고 영화도 봤어요.
   3) 이쪽으로 똑바로 가세요. 그러면 우체국이 있어요.
   4) 어제 열이 많이 났어요. 그래서 학교에 가지 않았어요.
   5) 시험공부를 열심히 했어요. 그런데 성적이 좋지 않아요.

2. 1) 그런데, 수영을 배웠어요., 그런데 수영을 잘 못해요.
   2) 그러니까, 밖에 비가 와요., 그러니까 우산을 가지고 가세요.
   3) 그렇지만, 남자 친구는 운동을 좋아해요., 그렇지만 저는 운동을 싫어해요.
   4) 그리고, 여동생은 한국어를 잘해요., 그리고 영어도 잘해요.
   5) 그러면, 지금 출발해요., 그러면 버스를 탈 수 있어요.

문법4 p.145

1. 1) 신분증이 있어야 해요.
   2) 돈이 많아야 해요.
   3) 신발이 편해야 해요.
   4) 날씨가 좋아야 해요.
   5) 방이 넓어야 해요.

2. 1) 오전에 수업이 있어서 일찍 일어나야 해요
   2) 방학에 고향에 돌아가서 비행기표를 예매해야 해요.
   3) 다음 주에 시험이 있어서 열심히 공부해야 해요.
   4) 지갑에 돈이 없어서 은행에서 돈을 찾아야 해요.
   5) 밖에 비가 와서 우산을 써야 해요.

〈15과〉

어휘 p.150

1. 1) 먼저 도서관 앱을 다운로드합니다.
   2) 앱을 다운로드한 후 아이디와 비밀번호를 입력합니다.
   3) 도서관 앱에 로그인합니다.
   4) 모바일 신분증의 QR 코드를 댑니다.
      그러면 도서관에 들어갈 수 있습니다.
   5) 도서관에는 컴퓨터가 있습니다.
      그 컴퓨터로 책을 검색합니다.
   6) 자료실에서 읽고 싶은 책을 찾습니다.
   7) 도서 대출대에서 책을 빌립니다.
   8) 책을 다 읽으면 도서관에 가서 책을 반납합니다.

2. 1) 열람실, 자료실, 휴게실
   2) 자료실
   3) 휴게실
   4) 휴게실
   5) 열람실
   6) 휴게실
   7) 멀티미디어실
   8) 멀티미디어실
   9) 열람실, 자료실, 휴게실

p.152

1. 1) 은주 씨가 노래를 듣고 있어요.
   2) 토마스 씨가 점심을 먹고 있어요.
   3) 동생이 방을 청소하고 있어요.
   4) 찬영 씨가 운전하고 있어요.
   5) 비가 내리고 있어요.

2. 1) 가: 이즈미 씨는 지금 뭐하고 있어요?
      나: 핸드폰을 보고 있어요.
   2) 가: 티엔 씨는 지금 뭐하고 있어요?
      나: 도서관에 들어가고 있어요.
   3) 가: 찬영 씨는 공부하고 있어요?
      나: 네, 공부하고 있어요.
   4) 가: 에밀리 씨는 복사하고 있어요?
      나: 아니요, 책을 찾고 있어요.

 p.153

1. 1) 떡볶이가 정말 맵군요.
   2) 이즈미 씨는 노래를 잘 부르는군요.
   3) 한나 씨는 한국말을 잘하는군요.
   4) 마사코 씨는 한국 사람이 아니군요.

2. 1) 이 영화가 정말 재미있군요.
   2) 이즈미 씨는 영화 보는 것을 좋아하는군요.
   3) 티엔 씨는 고향에 계신 부모님께 자주 전화를 거는군요.
   4) 학교에서 시청까지 멀지 않군요.
   5) 내가 교실에 있는 동안 비가 내렸군요.
   6) 저 분이 1급 A반 선생님이군요.
   7) 티엔 씨는 어제 잠을 못 자서 아주 피곤하겠군요.

 p.154

1. 1) 기숙사에 가서 쉬면 돼요.
   2) 병원에 가서 치료를 받으면 돼요.
   3) 은행에 가서 통장을 만들면 돼요.
   4) 운동장에서 30분 걸으면 돼요.
   5) 여기에 뜨거운 물을 부으면 돼요.

2. 1) 가: 내일 몇 시까지 와야 해요?
      나: 8시 50분까지 오면 돼요.
   2) 가: 이 문은 어떻게 열어요?
      나: 저 버튼을 누르면 돼요.
   3) 가: 책은 언제까지 반납하면 돼요?
      나: 월요일까지 반납하면 돼요.
   4) 가: 이거 언제 먹어요?
      나: 지금 먹으면 돼요.

문법3 p.155

1. 1) 수업 시간에 늦지 않으려면 뛰어야 해요.
   2) 소포를 보내려면 6시까지 우체국에 가야 해요.
   3) 해외여행을 가려면 여권을 만들어야 해요.
   4) 빵을 만들려면 소금과 설탕을 사야 해요.

2. 1) 가: 한국말을 잘하고 싶어요.
      나: 한국말을 잘하려면 한국 친구를 자주 만나세요.
   2) 가: 박 선생님을 만나고 싶어요.
      나: 박 선생님을 만나려면 한국어 과정 사무실로 가세요.
   3) 가: 과일을 사고 싶어요.
      나: 과일을 사려면 시장에 가세요.
   4) 가: 도서관 안에서 영화를 보고 싶어요.
      나: 도서관 안에서 영화를 보려면 멀티미디어실로 가세요.

제대로 한국어¹ Workbook

편저자	제주대학교 국제교류본부 한국어과정 교재개발위원회
총괄편집	제주대학교 국제교류본부장
집필진	오고운 권미소 김애라 박진향 현은주
발행인	송석언
발행처	제주대학교 출판부
등록	1984년 7월 9일 제주시 제9호
주소	63243 제주특별자치도 제주시 제주대학로 102
전화	064) 754-2275
팩스	064) 702-0549
홈페이지	http://press.jejunu.ac.kr
제작	디자인일리
사진	Shutterstock, 포토마인드
일러스트	배정식

2020년 4월 15일 초판 1쇄

Copyright© 2019 by Jeju National University Press.
All rights reserved.
ISBN 978-89-5971-139-0 14710
      978-89-5971-133-8(세트)

정가 9,000원

*사전 동의 없는 무단 전재 및 복제를 금합니다.
*잘못 만들어진 책은 바꾸어 드립니다.